LES DÉFIS DES PETITS GÉNIES

DU CM2 À LA 6^{e}

10-11 ANS

AUTEURS
COLINE CRETON
RÉMY LÉGLISE

ILLUSTRATIONS
RÉMY LÉGLISE

PETITES CHASSES AU TRÉSOR
DÉFIS ET ÉNIGMES

LAROUSSE

LE MOT DES AUTEURS

Quoi de mieux pour apprendre que de vivre des aventures et de relever des défis ?

Vous pouvez nous retrouver sur notre blog de chasses au trésor ludiques et éducatives pour les enfants.

NOTRE CONCEPT :

Apprendre par le jeu avec les chasses au trésor est un outil formidable et très puissant pour transmettre aux enfants l'envie de progresser !

1. LE POUVOIR DES HISTOIRES

Raconter une histoire captivante à un enfant éveille sa curiosité et son envie d'apprendre et de découvrir.

2. L'ENFANT DEVIENT LE HÉROS DE SON ÉDUCATION

En s'immergeant dans une aventure, il devient acteur et actif. Quoi de mieux pour apprendre ?

3. LA MAGIE DES ÉNIGMES

Poser des problèmes aux enfants et leur proposer de les résoudre par le jeu est un moyen efficace de les amener à réfléchir par eux-mêmes en développant leur mémoire et leur esprit de synthèse.

4. L'AUTONOMIE AMUSANTE

L'enfant avance à son rythme dans l'aventure, au fil de ses découvertes et de ses déductions.

Coline et Rémy

PETITES CHASSES AU TRÉSOR – DÉFIS ET ÉNIGMES

ENCORE PLUS D'AVENTURES SUR NOTRE BLOG

WWW.PETITESCHASSESAUTRESOR.COM/LAROUSSE

Direction de la publication :
Carine Girac-Marinier
Direction éditoriale : Claude Nimmo
Direction éditoriale adjointe :
Julie Pelpel-Moulian
Édition : Marion Delabie
Direction artistique : Uli Meindl
Réalisation et illustrations : Rémy Léglise
Fabrication : Marlène Delbeken

ISBN 978-2-03-597077-0

MODE D'EMPLOI

COMMENT UTILISER *LES DÉFIS DES PETITS GÉNIES ?*

Amusantes et ludiques, les activités sont proposées sous forme d'énigmes, qui ne donnent pas l'impression à l'enfant de travailler. Elles sont regroupées sous différents thèmes pour donner une cohérence d'ensemble.

On trouvera bien sûr des mathématiques et du français, mais aussi d'autres matières comme la science, l'anglais…

LES ACTIVITÉS S'ORGANISENT EN 3 CATÉGORIES :

LES MYSTÈRES

Ce sont des thèmes composés de 4 pages : 3 pages d'activités et 1 page « bilan » où le mystère doit être résolu. Il faut réunir les indices récoltés dans les 3 pages de jeu pour trouver la bonne réponse.

LES DÉFIS

Ces pages proposent des activités indépendantes les unes des autres pour découvrir un thème de culture générale à l'aide d'un exercice de mathématiques, de français, d'anglais, etc.

L'EXPLORATEUR

En fin d'ouvrage, cette rubrique propose des activités manuelles et récréatives. Ainsi, les enfants vont partir à la découverte du monde par le jeu, tout en révisant !

Pour les pages « Mystère », veillez à ce que l'enfant suive bien l'ordre des pages d'un même thème : c'est la succession des indices qui permet de résoudre l'énigme finale !

Les pages « Défi » sont conçues pour laisser plus de liberté à l'enfant, puisqu'elles sont indépendantes les unes des autres : 1 page = 1 jeu. Même si elles sont regroupées sous différents thèmes, le but est de développer la culture générale de l'enfant, tout en le laissant libre. Il peut donc passer d'une page à l'autre sans aucun problème, et faire les activités dans l'ordre qui lui convient. L'idée étant qu'il apprenne en s'amusant et sans contrainte !

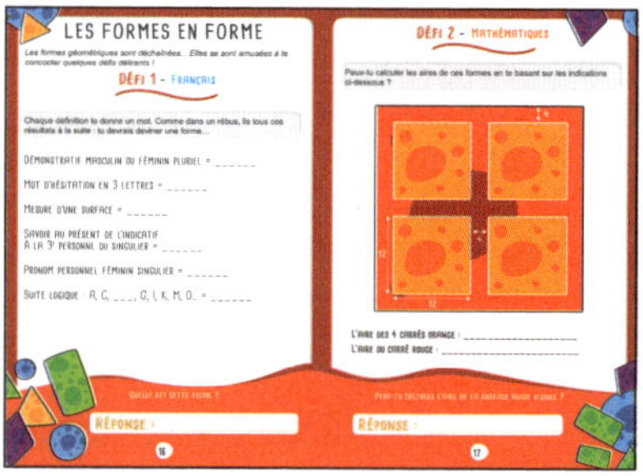

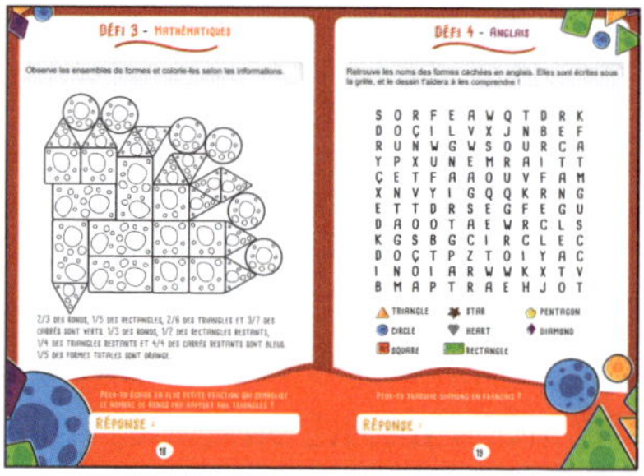

L'enfant peut être assez autonome dans la réalisation des activités proposées dans ce livre, excepté pour **les pages « L'Explorateur »** en fin d'ouvrage. En effet, il est préférable qu'il soit accompagné par un adulte car la manipulation de certains objets peut être délicate.

Les corrigés des activités, regroupés en fin d'ouvrage, permettront à l'enfant de s'évaluer en toute autonomie.

SOMMAIRE

SOMMAIRE PAR COMPÉTENCE

MATHÉMATIQUES

FRANÇAIS

ANGLAIS

SCIENCES

GÉOGRAPHIE

LE POT DE MIEL

Un pot de miel a été empoisonné par une substance toxique. À toi de découvrir lequel afin de pouvoir l'éliminer !

ÉNIGME 1

MATHÉMATIQUES

Trouve et entoure l'intrus. Il n'est ni un multiple de 2, ni de 4, ni de 5 ni de 6. Utilise les tables de multiplication.

38 48 55 36
5 54 24 14
65 16 6 35
40 13 60 8
26 18 32 10
25 12 28 15 30
4 45 0 42
22 20 92 34 72

QUEL NOMBRE AS-TU TROUVÉ ?

INDICE N°1 : ....

ÉNIGME 2

FRANÇAIS

Réécris les phrases suivantes au singulier si elles sont au pluriel ou au pluriel si elles sont au singulier.

LES ABEILLES SONT CONSIDÉRÉES EN VOIE DE DISPARITION.

L'ABEILLE ________________________________

L'ABEILLE PERMET DE POLLINISER LES FLEURS.

____

LE POT DE MIEL EST RANGÉ ET BIEN FERMÉ.

____

LES APICULTEURS SONT LES PERSONNES QUI S'OCCUPENT DES RUCHES.

____

NOTE LES LETTRES ROUGES QUE TU AS RÉCOLTÉES DANS LES CASES CI-DESSOUS :

QUELLE COULEUR AS-TU TROUVÉ ?

INDICE N°2 : ______________________

ÉNIGME 3

MATHÉMATIQUES

Les alvéoles marron n'ont pas encore été remplies de miel. Classe ces ensembles d'alvéoles du moins rempli au plus rempli.

A)

B)

C)

D)

E)

__B__ < __A__ < __D__ < __E__ < __C__

QUEL ENSEMBLE SE TROUVE AU CENTRE DE L'ENCHAÎNEMENT ?

INDICE N°3 : ____________________

MYSTÈRE N°1

Maintenant, tu vas pouvoir identifier le pot de miel empoisonné. Utilise bien les 3 indices que tu as récoltés. Les indices n°1 et n°3 t'indiquent une ligne et une colonne. L'indice n°2 indique une couleur. Entoure d'un cercle le pot de miel qui est nocif !

MES INDICES :

1 ______________ 2 ______________ 3 ______________

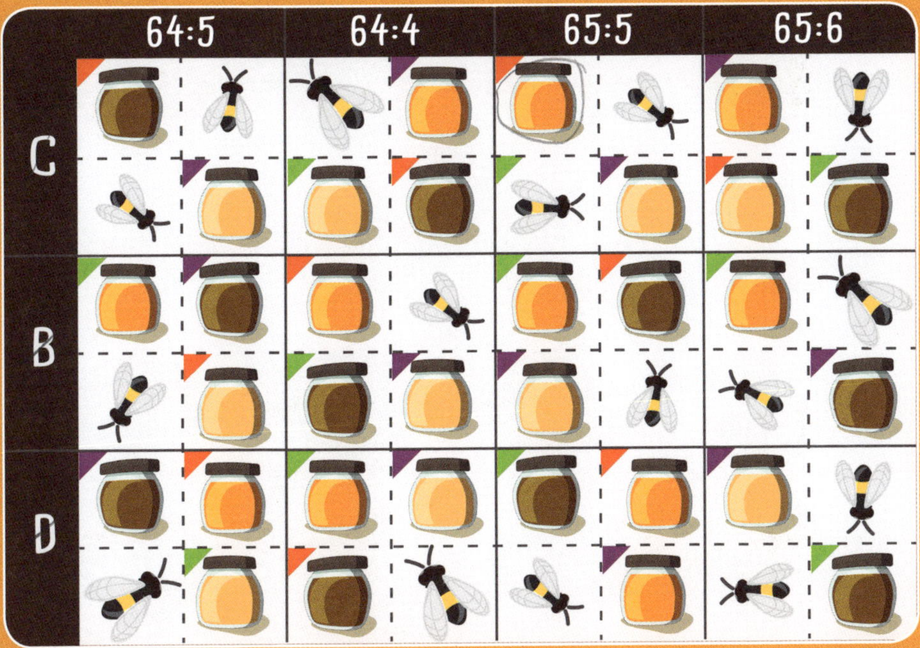

LE SAIS-TU ?

Le miel est une substance très particulière. On oublie souvent que le miel est fabriqué grâce au nectar récolté dans les fleurs. Les abeilles fabriquent le miel en transformant le nectar prendant la digestion. Elles produisent plusieurs types de miel ; la différence provient des fleurs qu'elles butinent. Les miels changent donc de goût et de couleur en fonction des saisons car les plantes ont des cycles de floraison différents.

L'EMPREINTE DU T-REX

Les fouilles ont commencé depuis plusieurs jours. Les paléontologues ont découvert plusieurs empreintes et ils cherchent celle qui appartient au T-rex.

ÉNIGME 1

MATHÉMATIQUES

Observe les fractions et trace un parcours par ordre croissant, en n'utilisant que certaines cases.

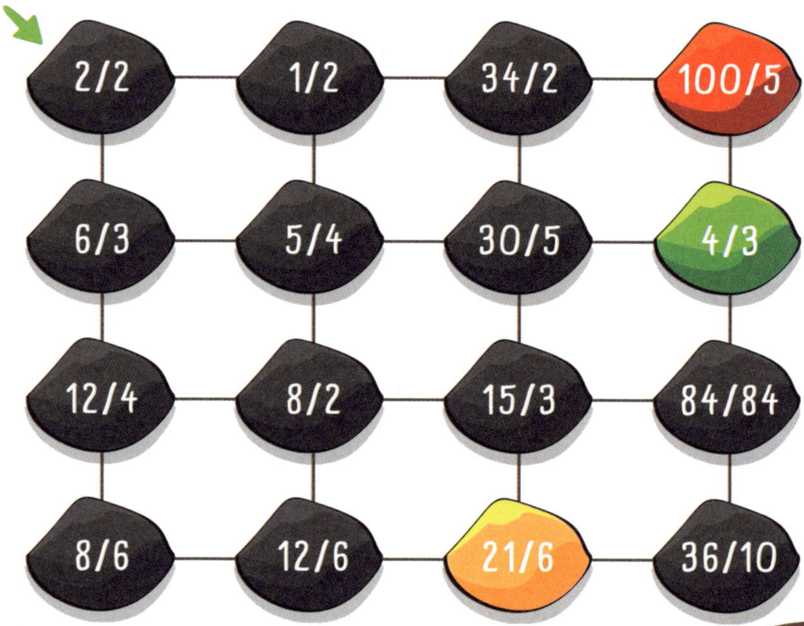

QUELLE EST LA COULEUR DE LA CASE D'ARRIVÉE ?

INDICE N°1 : ____________________

ÉNIGME 2

FRANÇAIS

Entoure les verbes conjugés au temps et à la personne indiqués.

L	R	G	P	G	I	J	A	H	I	R	H	A	S
R	M	M	G	B	M	H	M	X	Z	R	B	H	T
D	I	D	Z	S	C	A	S	Z	Y	G	J	O	S
E	N	F	E	R	C	H	E	R	C	H	I	E	Z
I	A	D	E	C	O	U	V	R	A	I	S	A	Q
O	W	H	V	X	O	A	X	N	T	F	X	C	A
I	C	G	H	V	I	U	R	Z	G	O	Ç	S	H
W	G	U	R	Y	X	Ç	V	I	F	C	S	C	R
D	E	C	O	U	V	R	E	R	U	F	A	E	Z
R	Y	Z	Q	F	A	N	F	T	I	B	G	W	Z
W	V	R	Q	R	G	C	O	U	U	R	G	N	C
H	I	P	Z	F	E	S	F	R	W	I	O	B	D
C	H	E	R	C	H	E	R	O	N	S	I	N	Z
E	N	D	I	Y	O	T	Q	G	C	H	B	Q	T

- Découvrir > 2e personne du singulier > Imparfait > Entoure en rouge
- Découvrir > 3e personne du pluriel > Futur simple > Entoure en bleu
- Découvrir > 1e personne du singulier > Présent > Entoure en orange
- Chercher > 3e personne du singulier > Passé simple > Entoure en vert
- Chercher > 2e personne du pluriel > Imparfait > Entoure en violet
- Chercher > 1e personne du pluriel > Futur simple > Entoure en jaune

Combien de «S» as-tu trouvé
dans les verbes que tu as entourés ?

INDICE N°2 : ....

ÉNIGME 3

MATHÉMATIQUES

Les dents ci-dessous viennent de trois continents différents mais elles ont été mélangées. Résous les opérations et colorie les dents avec la bonne couleur, en tenant compte des informations ci-dessous.

25 % DE 60

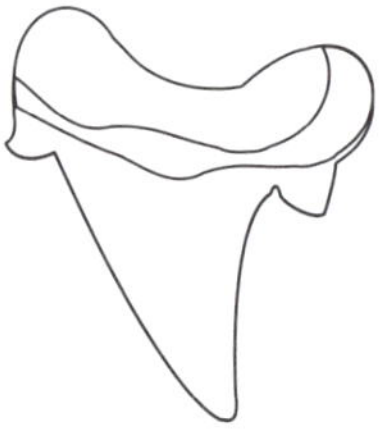

1 % DE 5000

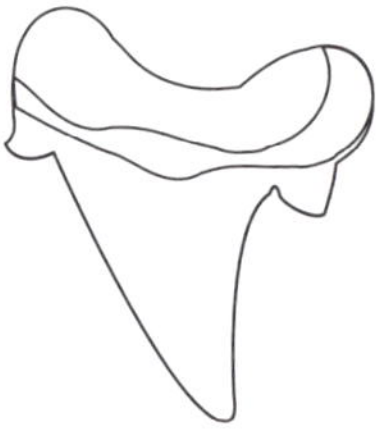

10 % DE 200

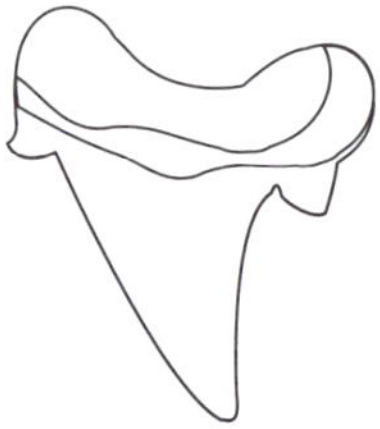

10 % DE 150

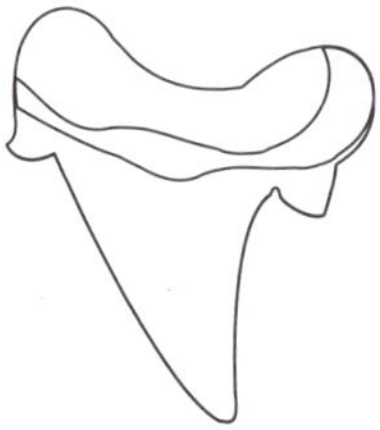

20 % DE 100

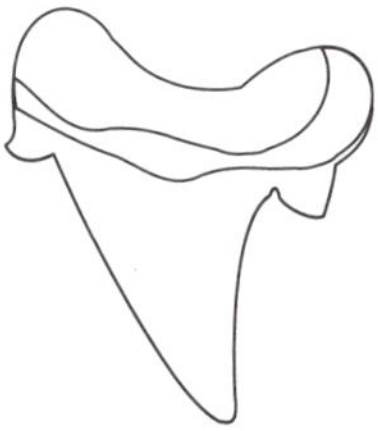

50 % DE 40

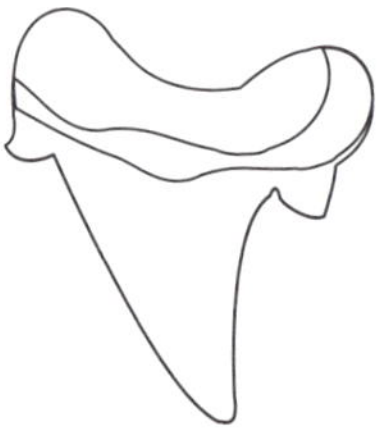

20 % DE 250

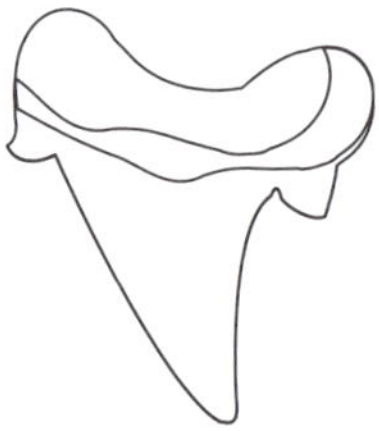

5 % DE 1000

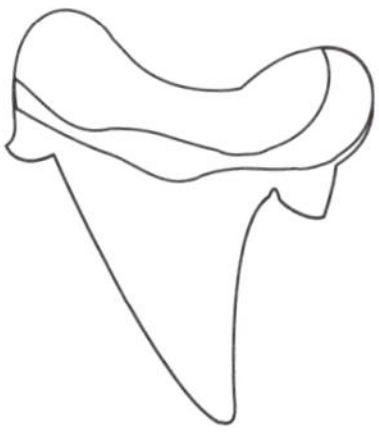

VERT > LES DENTS D'AMÉRIQUE > 20
ORANGE > LES DENTS D'ASIE > 50
BLEU > LES DENTS D'EUROPE > 15

QUEL CONTINENT APPARAÎT LE MOINS SOUVENT ?

INDICE N°3 : ____________________

MYSTÈRE N°2

Les paléontologues sont face à une zone remplie d'empreintes de dinosaures. Aide-toi des indices pour trouver quelle empreinte appartenait au T-rex. Les indices n°2 et n°3 t'indiquent une ligne et une colonne. L'indice n°1 t'indiquera une couleur.

MES INDICES :

1 .... 2 .... 3 ....

LE SAIS-TU ?

Les paléontologues ont découvert de véritables empreintes fossilisées de dinosaures. Ces empreintes sont restées intactes pendant plusieurs millions d'années. Contrairement aux ossements fossilisés de dinosaures, les empreintes sont des moulures, des traces, que les dinosaures ont laissées en marchant. La découverte de ces empreintes a permis aux paléontologues d'en apprendre encore plus sur les dinosaures.

LES FORMES EN FORME

Les formes géométriques sont déchaînées... Elles se sont amusées à te concocter quelques défis délirants !

DÉFI 1 - FRANÇAIS

Chaque définition te donne un mot. Comme dans un rébus, lis tous ces résultats à la suite : tu devrais deviner une forme…

DÉMONSTRATIF MASCULIN OU FÉMININ PLURIEL = ______

MOT D'HÉSITATION EN 3 LETTRES = ______

MESURE D'UNE SURFACE = ______

SAVOIR AU PRÉSENT DE L'INDICATIF
À LA 3e PERSONNE DU SINGULIER = ______

PRONOM PERSONNEL FÉMININ SINGULIER = ______

SUITE LOGIQUE : A, C, ___, G, I, K, M, O... = ______

QUELLE EST CETTE FORME ?

RÉPONSE : ....

DÉFI 2 - MATHÉMATIQUES

Peux-tu calculer les aires de ces formes en te basant sur les indications ci-dessous ?

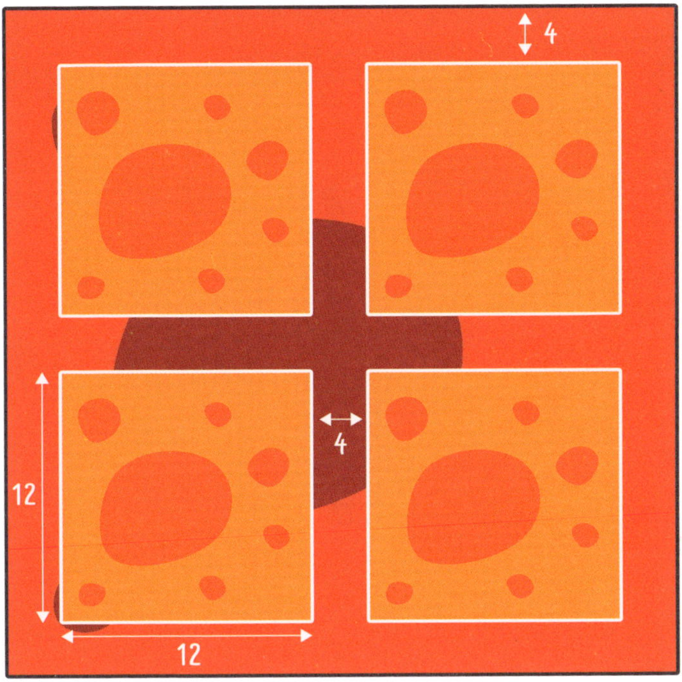

L'AIRE DES 4 CARRÉS ORANGE : ______________________

L'AIRE DU CARRÉ ROUGE : __________________________

PEUX-TU CALCULER L'AIRE DE LA SURFACE ROUGE VISIBLE ?

RÉPONSE : ________________________

DÉFI 3 - MATHÉMATIQUES

Observe les ensembles de formes et colorie-les selon les informations.

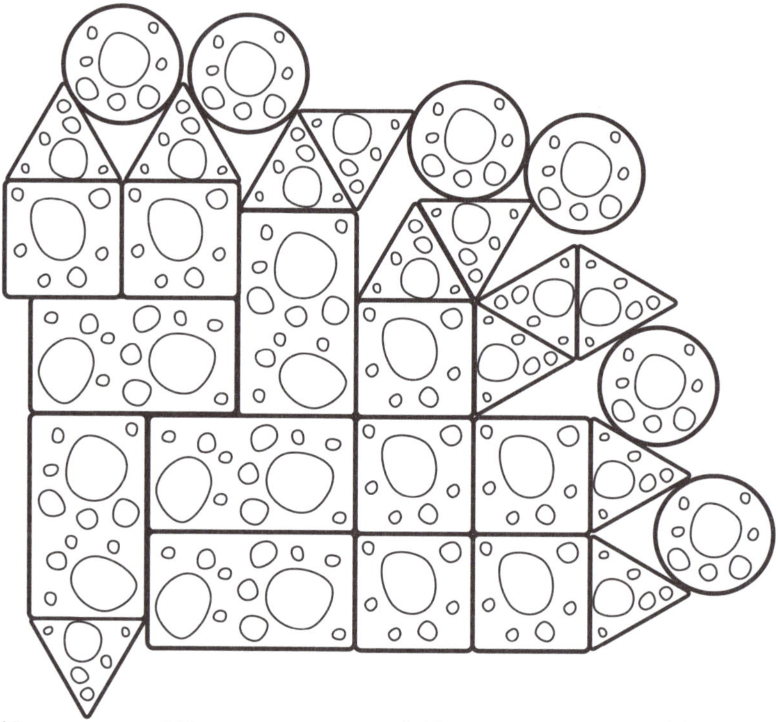

2/3 DES RONDS, 1/5 DES RECTANGLES, 2/6 DES TRIANGLES ET 3/7 DES CARRÉS SONT VERTS. 1/3 DES RONDS, 1/2 DES RECTANGLES RESTANTS, 1/4 DES TRIANGLES RESTANTS ET 4/4 DES CARRÉS RESTANTS SONT BLEUS. 1/5 DES FORMES TOTALES SONT ORANGE.

PEUX-TU ÉCRIRE LA PLUS PETITE FRACTION QUI SYMBOLISE LE NOMBRE DE RONDS PAR RAPPORT AUX TRIANGLES ?

RÉPONSE : ....

DÉFI 4 - ANGLAIS

Retrouve les noms des formes cachées en anglais. Elles sont écrites sous la grille, et le dessin t'aidera à les comprendre !

S	O	R	F	E	A	W	Q	T	D	R	K
D	O	Ç	I	L	V	X	J	N	B	E	F
R	U	N	W	G	W	S	O	U	R	C	A
Y	P	X	U	N	E	M	R	A	I	T	T
Ç	E	T	F	A	A	O	U	V	F	A	M
X	N	V	Y	I	G	Q	Q	K	R	N	G
E	T	T	D	R	S	E	G	F	E	G	U
D	A	O	O	T	A	E	W	R	C	L	S
K	G	S	B	G	C	I	R	C	L	E	C
D	O	Ç	T	P	Z	T	O	I	Y	A	C
I	N	O	I	A	R	W	W	K	X	T	V
B	M	A	P	T	R	A	E	H	J	O	T

TRIANGLE
STAR
PENTAGON
CIRCLE
HEART
DIAMOND
SQUARE
RECTANGLE

PEUX-TU TRADUIRE DIAMOND EN FRANÇAIS ?

RÉPONSE : ....

Défi 5 - Français

Retrouve les couleurs des formes ci-dessous. Lis et analyse le texte pour t'aider à colorier chacune des formes avec la couleur qui lui correspond.

La forme rouge est à droite de la forme verte mais n'est pas à côté d'elle. La forme bleue n'a ni 8 tâches ni 12. La forme orange a quatre côtés mais elle n'a pas 12 tâches.

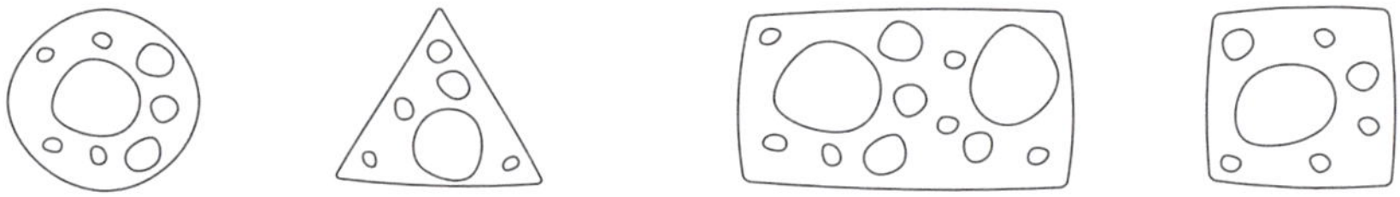

Les formes verte et bleue ont au moins 3 côtés. La forme orange n'a pas 6 tâches. La forme orange est à droite des formes verte et bleue. La forme verte est à côté de la forme qui a 8 tâches. La forme rouge a plusieurs côtés.

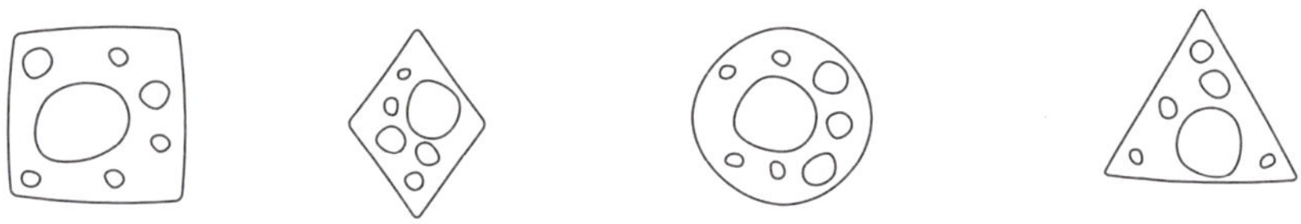

Quelles sont les couleurs des formes avec moins de 3 cotés ?

Réponse : ....

DÉFI 6 - MATHÉMATIQUES

Voici une suite de calculs à réaliser. Peux-tu remplir les formes vides avec le bon résultat ? Aide-toi des trois premières formes pour te lancer !

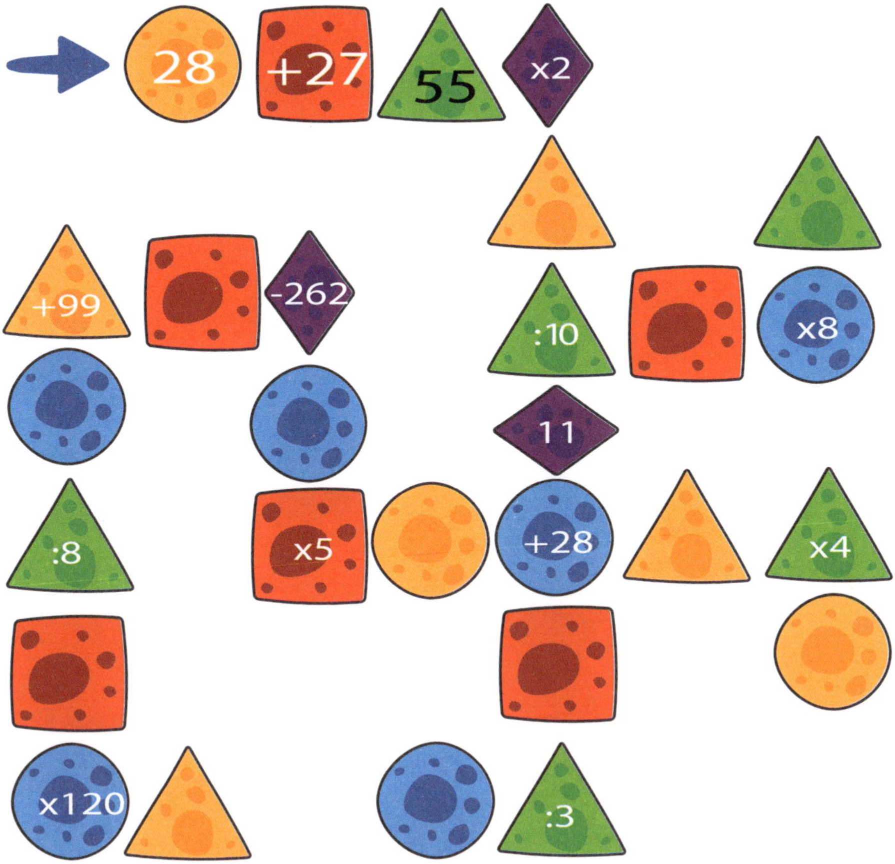

PEUX-TU ADDITIONNER LES NOMBRES DES FORMES EN BOUT DE PARCOURS ?

RÉPONSE : ....

CURIOSITÉ VOLCANIQUE

Les volcans sont des phénomènes naturels très mystérieux… Tu peux entrer dans leur univers et les comprendre un peu mieux !

DÉFI 1 - FRANÇAIS

Fais le bon choix entre chaque mot et son homonyme !

[ON / ONT] _____ EST PARTIS [PAR / PART / PARS] _____ CE CHEMIN [CAR /QUART] _____ TOUS [LES / LAID] _____ AUTRES ACCÈS [ÉTAIENT / ÉTÉ] _____ FERMÉS.

NOUS SOMMES ENSUITE [ALLÉS / ALLÉE] ______ À PIED DANS [LA / LÀ] _____ CAVERNE [DONT / DON] _____ TU NOUS AVAIS PARLÉ.

[AILE / ELLE] _____ RESSEMBLAIT [À / A] _____ UN GROS [VER / VERS / VERT] _____ DE TERRE MAIS NOUS SOMMES ENTRÉS [QUAND / QUANT] ______ MÊME.

IL Y AVAIT [DIFFÉRENTS / DIFFÉRENDS] ________ PASSAGES SINUEUX [ET / EST] _____ LES CAILLOUX GLISSAIENT.

ON [EST / ET] _____ FINALEMENT ARRIVÉS AU FOND [OU / OÙ] _____ IL FAISAIT [TRÈS / TRAIT] _____ CHAUD. SURPRISE !
[C'ÉTAIT / S'ÉTAIT] _____ LE CENTRE DE [LÀ / LA] _____ TERRE !

PEUX-TU ÉCRIRE CORRECTEMENT : ÎLE ÉTÉ UNE FOIE ?

RÉPONSE : ....

DÉFI 2 - MATHÉMATIQUES

Observe les dessins ci-dessous et les résultats, puis résous les deux dernières opérations.

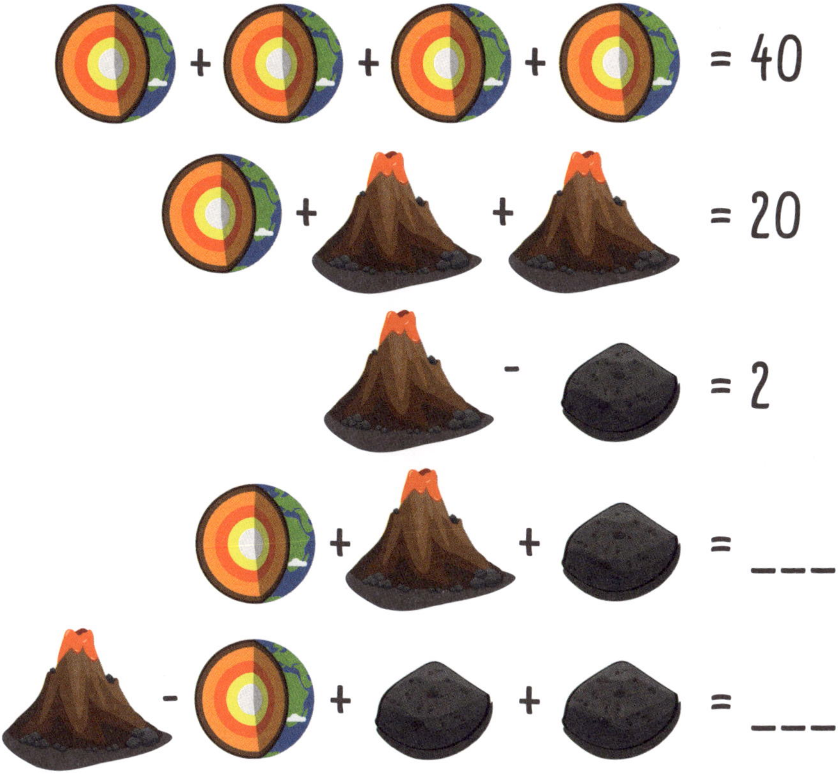

PEUX-TU CALCULER COMBIEN FONT 3 VOLCANS ?

RÉPONSE : ....

Défi 3 - Mathématiques

À Vulcaland, trois volcans se sont réveillés : c'est la pagaille !
En remplissant ce tableau, tu pourras peut-être éclairer les habitants !

Le volume de lave dégagée par Lavomatic correspond à 1/2 de celle de Vulcanoc et 2/3 de celle de Magmagik.
Lavomatic a émis 3/5 du nombre de bombes volcaniques qu'a émis Vulcanoc, qui en a émis 1/2 de moins que Magmagik.

La profondeur de la chambre magmatique de Vulcanoc en kilomètres est égale à la différence de hauteur entre Lavomatic et Magmagik en mètres, Lavomatic étant le plus petit. La hauteur de Vulcanoc est égale au triple de la hauteur de Magmagik. La chambre magmatique de Lavomatic est 4 fois moins profonde que celle de Vulcanoc, et 10 fois moins que celle de Magmagik.

	Vulcanoc	Lavomatic	Magmagik
Volume de lave	1 000 000 L		
Nombre de bombes volcaniques		300 000	
Hauteur du volcan	3939 m		
Profondeur de la chambre magmatique	12 km		

Combien de bombes volcaniques sont tombées en tout sur Vulcaland ?

Réponse : ....

DÉFI 4 - SCIENCES

Peux-tu replacer les neuf numéros des mots sur les bonnes parties de ce volcan ?

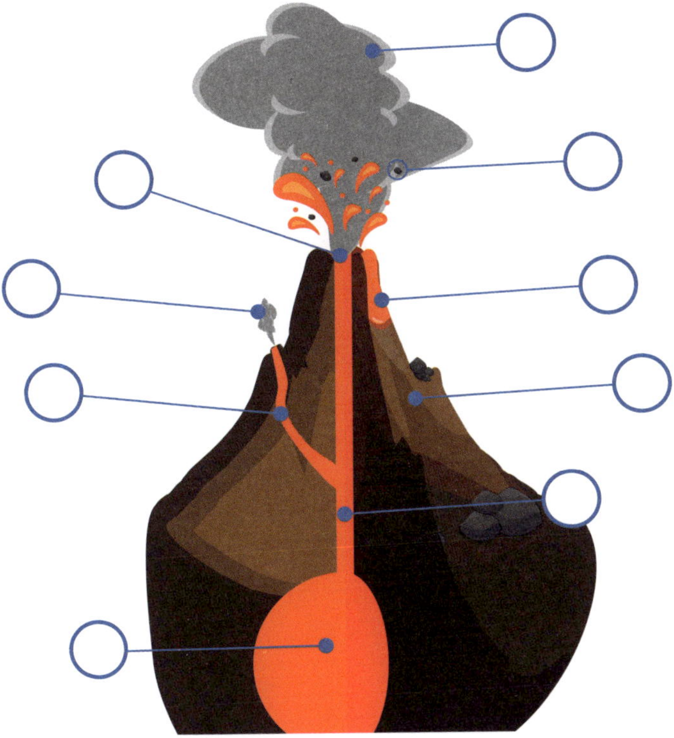

1. Cratère - 2. Chambre magmatique - 3. Nuage de cendres - 4. Bombe volcanique - 5. Lave - 6. Cheminée principale - 7. Fumerolles - 8. Cheminée secondaire - 9. Cône volcanique

De quelle partie du volcan vient la lave ?

Réponse : ....

LES PIERRES PRÉCIEUSES

Un pirate te propose un troc avec des pierres précieuses, mais certaines sont de banales pierres qui n'ont pas de valeur. Identifie les vraies pierres.

ÉNIGME 1

MATHÉMATIQUES

Complète les cases vides de ce Sudoku. Dans chaque ligne, chaque colonne et chaque carré, tu dois trouver les chiffres de 1 à 9.

QUELLE COULEUR DE PIERRE PRECIEUSE REVIENT LE PLUS SOUVENT SUR LES CASES ORANGE ?

INDICE N°1 : ....

ÉNIGME 2

Français

Les lettres d'un message ont été mélangées. Va jusqu'au centre pour récupérer les bonnes lettres et tenter de découvrir le mot mystère.

Note les lettres que tu as récoltées dans les cases ci-dessous :

Peux-tu former un nom de pierre précieuse avec ces lettres ?

Indice N°2 : ....

ÉNIGME 3

MATHÉMATIQUES

Résous ces opérations croisées. N'oublie pas de prendre en compte l'ordre prioritaire des opérations !

	+	6	:		6
+		-		x	
5	x	1	+		13
+		x		:	
	x		-	4	59
17		-1		4	

MULTIPLIE LES NOMBRES DES CASES ORANGE.
QUEL RÉSULTAT TROUVES-TU ?

INDICE N°3 : ______________________

Mystère n°3

Le pirate te propose de choisir tes pierres précieuses mais la plupart sont fausses. Utilise les 3 indices que tu as récoltés pour trouver les vraies pierres précieuses, celles qui ont vraiment de la valeur. Les indices n°2 et n°3 t'indiquent une ligne et une colonne. L'indice n°1 t'indique une couleur.

Mes indices :

1 ______________ 2 ______________ 3 ______________

Le sais-tu ?

Les pierres précieuses sont des minéraux qui ont de la valeur car elles sont rares : on ne les trouve qu'en faible quantité sur Terre. La plupart de ces pierres étaient, il y très longtemps, utilisées comme monnaie. On les utilisait pour faire du troc. Parmi les pierres précieuses, on trouve le rubis, le saphir mais surtout le diamant, celle qui a le plus de valeur. C'est aussi la pierre la plus dure sur Terre.

LA HACHE DU CHEF

La hache du chef de la tribu à été mélangée avec celles de tous les autres membres du clan. Maintenant, il va falloir la retrouver...

ÉNIGME 1

MATHÉMATIQUES

Voici une cible avec des marques de flèches : compte le score réalisé.

= 1/5 DE 750 POINTS

____

= 7+(50X3)-100 POINTS

____

= 15% DE 500 POINTS

____

= 45:5 + 10% DE 100 POINTS

____

PEUX-TU CALCULER LE SCORE TOTAL ?

INDICE N°1 : ________________

ÉNIGME 2

FRANÇAIS

Lis les définitions et remplis ces mots croisés.

1. RECOUVRE LES OISEAUX
2. OISEAU GEANT D'AMÉRIQUE
3. OUTIL POUR COUPER DU BOIS
4. SCULPTURE VERTICALE EN BOIS
5. MAISON DES INDIENS
6. GRANDE FAMILLE
7. S'UTILISE AVEC UN ARC
8. HABITANT NATIF D'AMÉRIQUE
9. PLANTE PIQUANTE QUI POUSSE DANS LE DESERT

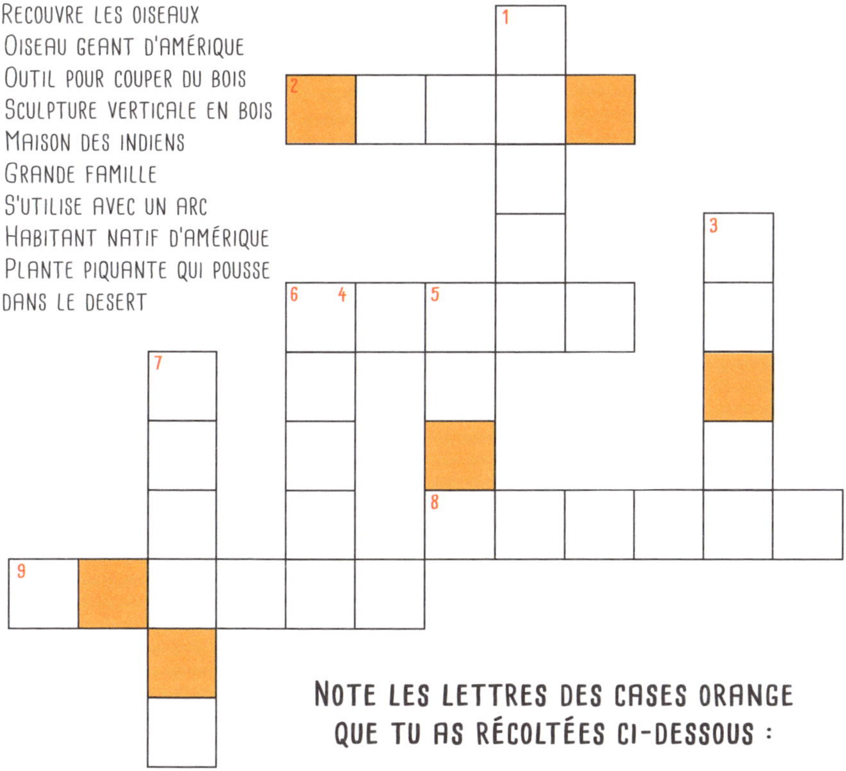

NOTE LES LETTRES DES CASES ORANGE QUE TU AS RÉCOLTÉES CI-DESSOUS :

PEUX-TU REMETTRE LES LETTRES DANS LE BON ORDRE ET DÉCOUVRIR LE NOM D'UNE TRIBU INDIENNE ?

INDICE N°2 : ____________________

ÉNIGME 3

FRANÇAIS

Voici le récit d'un Indien. Conjugue les verbes à l'imparfait et au passé composé. Aide-toi des couleurs pour choisir le temps de la conjugaison.

LA SEMAINE DERNIÈRE, JE (MARCHER)_____________ DANS LA FORÊT.

SOUDAIN, J' (VOIR)____________ APPARAÎTRE UN SIGNE DANS LE CIEL.

C' (ÊTRE)____________ UN AIGLE ROYAL. IL (AVOIR)

______________ UN PLUMAGE INCROYABLEMENT BEAU. SOUDAINEMENT,

IL (COMMENCER) ____________ À PLONGER EN PIQUÉ EN DIRECTION DU SOL.

JE LE (REGARDER) _____________ ATTENTIVEMENT POUR NE PAS

LE PERDRE DE VUE QUAND, BRUSQUEMENT, UN DEUXIÈME AIGLE (JAILLIR)

_____________ DE DERRIÈRE LES ARBRES. ILS (ÊTRE) ____________

D'UNE ÉLÉGANCE INCROYABLE EN VOLANT CÔTE À CÔTE... À CE MOMENT-LÀ,

ILS (COMMENCER) ____________ À SE BATTRENT VIOLEMMENT...

UNE FOIS LE TEXTE REMPLI, RELÈVE DES LETTRES GRÂCE À CE CODE.
LE 1ER NOMBRE TE DONNE UNE LIGNE, LE 2E UN MOT ET LE 3E UNE LETTRE.
2-3-2 ; 7-2-3 ; 3-1-2 ; 7-5-4 ; 9-2-4 ; 7-9-5

☐ ☐ ☐ ☐ ☐ ☐

QUEL MOT CODÉ AS-TU TROUVÉ ?

INDICE N°3 : ____________________

MYSTÈRE N°4

En regroupant les 3 indices que tu as trouvés, tu découvriras laquelle de ces haches est celle du chef de la tribu. Voici une petite indication qui pourra t'aider dans tes recherches : la hache du grand chef se trouve sous l'indice n°3.

MES INDICES :

1 .... 2 .... 3 ....

LE SAIS-TU ?

Les Amérindiens avaient pour habitude de se peindre la peau du visage ou du corps pour exprimer leurs sentiments ou leurs intentions.
Ils utilisaient plusieurs couleurs qu'ils préparaient eux-mêmes à l'aide de végétaux et de minéraux. Ils utilisaient des motifs différents et adaptés aux occasions.
Par exemple, certains motifs étaient utilisés pour la chasse, la guerre ou la danse, d'autres étaient réservés aux rituels et cérémonies.

UN GRAIN DE SABLE

L'été est enfin là et la plage n'est plus très loin… Mais elle te réserve quelques surprises !

DÉFI 1 - MATHÉMATIQUES

Résous les opérations suivantes. Attention : les flèches t'indiquent le sens de l'opération quand tu en as besoin.

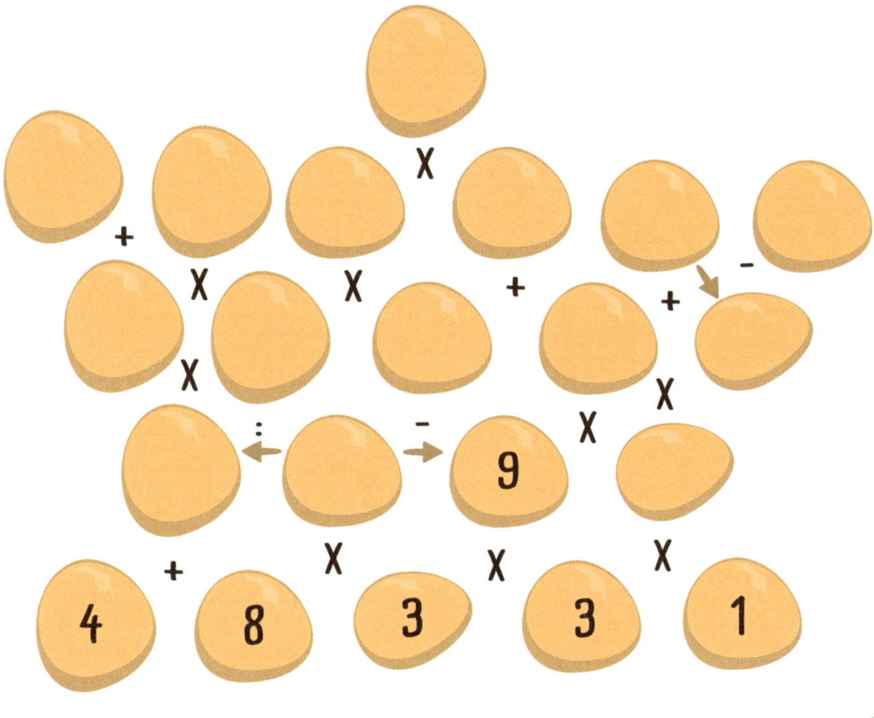

QUEL NOMBRE AS-TU TROUVÉ DANS LE GRAIN DE SABLE AU SOMMET DE L'ÉTOILE ?

RÉPONSE : ------------------------------------

DÉFI 2 - MATHÉMATIQUES

Observe ces seaux de sable et d'eau. Convertis leur masse et volume avec la mesure qui est indiquée à côté.

3 KG = ________ G

250 CL = ________ L

5,5 KG = ________ G

1/4 L = ________ CL

250 G = ______ KG

1500 CL = ________ L

1750 G = ______ KG

4,5 L = ______ CL

1 LITRE = 100 CL, 1 KG = 1000 G

1 LITRE D'EAU PÈSE 1 KG. PEUX-TU NOTER LES DEUX SEAUX QUI ONT LE MÊME POIDS ?

RÉPONSE : ______________________________

Défi 3 - Français

Pose les questions dont la réponse est le complément du verbe de chaque phrase ci-dessous.

Sur la plage, les chiens jouent avec le bâton en bois.

____

____ ?

Nous sommes sûrs que la bouée est à plus d'1 km.

____

____ ?

Il faut du courage et de la persévérance pour réussir à nager !

____

____ ?

Tu oublies toujours de manger avant de partir !

____

____ ?

Les crabes mangent des algues et des coquillages.

____ ?

Il pense que le sable pique les yeux.

____ ?

Quelle est la fonction de "Sur la plage" dans la première phrase ?

Réponse : _______________________

DÉFI 4 - ANGLAIS

À l'aide des lettres et des couleurs ci-dessous, peux-tu traduire les mots français en anglais. Indice : «D» = Droite.

DDBBBGBDDHHHDDHDDBBDBDDHHDBDDBBG

GGGBGGGHGBBGGGBDDDDBDDDHHDDDBBB

GGGBGGGGGHGGGBGBDDHDBDDDDDDDHDDBD

DÉPART	E	H	L	C	H	Y	U	T	Q	F	T	D	G	W
	X	Q	W	T	B	T	E	Z	Ç	E	M	B	B	T
	A	F	O	D	K	N	V	Q	E	I	Q	X	Z	G
	S	B	S	R	I	A	N	A	A	E	Y	X	W	V
	F	N	P	S	P	A	E	H	C	E	T	N	M	E
	K	P	C	T	K	B	M	R	X	R	A	I	W	R
	O	Q	P	A	I	J	Q	O	A	V	X	C	O	Ç
	E	L	C	R	E	C	R	E	N	U	Ç	W	M	M
	D	C	R	O	D	T	H	R	T	D	Q	P	U	E
	D	T	K	F	F	F	H	F	Z	C	Ç	S	F	J
	P	E	N	T	A	G	O	N	R	U	D	Q	F	D
	G	P	E	L	G	H	A	T	C	E	R	S	S	E

SABLE : __________

NAGER : __________

PLAGE : __________

OCÉAN : ___________

MER : ______________

VAGUE : ____________

QUEL MOT S'ÉCRIT DE LA MÊME MANIÈRE EN FRANÇAIS ET EN ANGLAIS ?

RÉPONSE : ________________________________

DÉFI 5 - GÉOGRAPHIE

Sauras-tu placer ces mers et océans au bon endroit sur la carte du monde ? Note le numéro dans les bulles blanches.

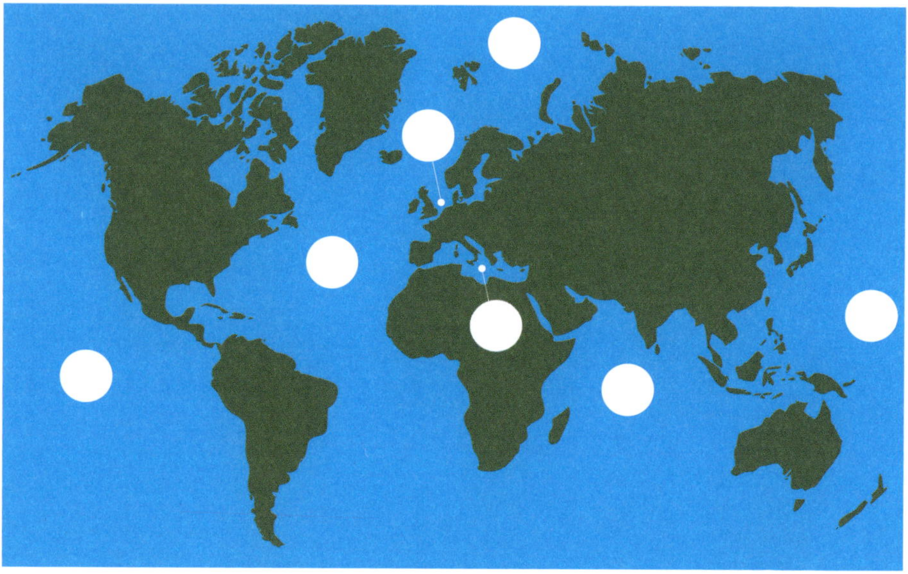

1. Mer du Nord, 2. Mer Méditerranée, 3. Océan Atlantique, 4 et 5. Océan Pacifique, 6. Océan Indien, 7. Océan Arctique

PARMI CES MERS ET OCÉANS, OÙ SE TROUVE L'EAU LA PLUS FROIDE ?

RÉPONSE : ....

DÉFI 6 - FRANÇAIS

Entoure d'une même couleur les mots appartenant à la même famille.

SALAISON

SABLE

ENSABLÉ

SALAGE

MER

SALANT

SABLONNEUX

MARÉE

SEL

SABLIER

SALER

ENSEVELI

MARITIME

SABLAGE

SALIÈRE

MARIN

SABLEUX

AMERRIR

PARMI TOUS CES MOTS, TU PEUX BARRER UN INTRUS. LEQUEL ?

RÉPONSE : ....

LE PASSAGE SECRET

Le chateau est attaqué. Le meilleur moyen de s'en sortir est de passer par le passage secret, mais... tu ne sais plus comment l'ouvrir !

ÉNIGME 1

MATHÉMATIQUES

Les sommets des triangles additionnés donnent le nombre écrit sur leur côté. Complète les pierres vides pour que leur somme corresponde aux resultats dans les cercles.

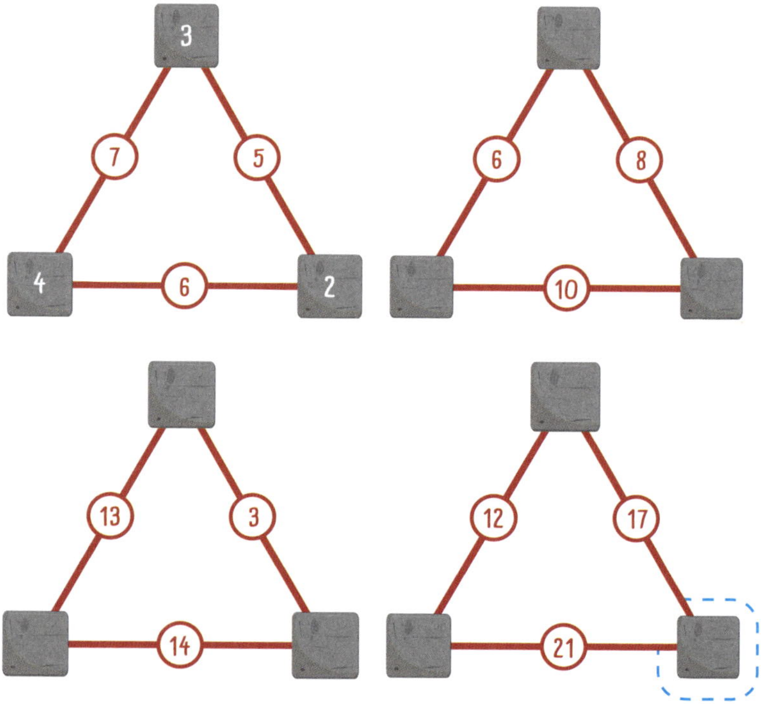

QUEL RÉSULTAT TROUVES-TU DANS LA PIERRE ENTOURÉE DE BLEU ?

INDICE N°1 : ______________________

ÉNIGME 2

FRANÇAIS

Réécris la phrase ci-dessous aux temps indiqués.

PRESENT : LE CHÂTEAU EST ATTAQUÉ. LES VILLAGEOIS SONT PANIQUÉS ET COMMENCENT À FUIR. IL FAUT PRENDRE LA FUITE PAR LE PASSAGE SECRET.

IMPARFAIT : ______________________________________

____

____

FUTUR SIMPLE : ___________________________________

____

____

PASSÉ SIMPLE : ___________________________________

____

____

QUELLE EST LA TERMINAISON DU VERBE FALLOIR
AU FUTUR SIMPLE DANS LE TEXTE ?

INDICE N°2 : ______________

ÉNIGME 3

MATHÉMATIQUES

La ligne rouge et la ligne verte t'indiquent des axes de symétrie pour replacer les pierres grises. Peux-tu dessiner les pierres manquantes ?

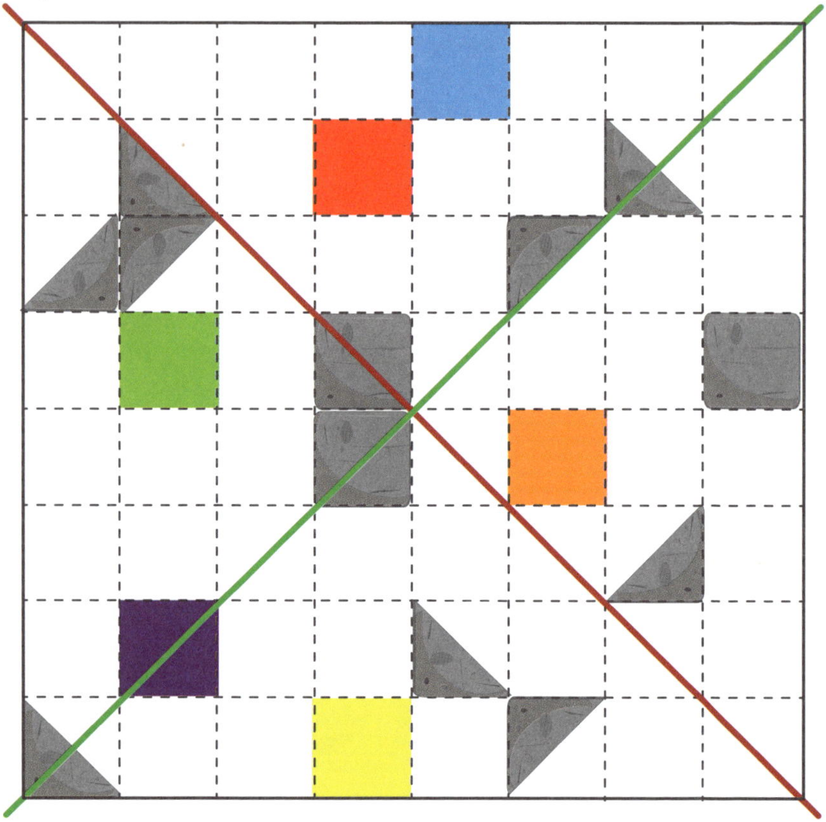

UNE CASE COLORÉE EST RESTÉE VIDE, QUELLE EST SA COULEUR ?

INDICE N°3 : ....

MYSTÈRE N°5

En poussant l'une de ces pierres, tu vas pouvoir ouvrir le passage secret qui te conduira vers la sortie en toute securité. Utilise les indices que tu as récoltés pour trouver la bonne pierre à pousser. Marque-la d'une croix. Les indices n°1 et n°2 t'indiquent une ligne et une colonne, l'indice n°3 une couleur.

MES INDICES :

1 .... 2 .... 3 ....

LE SAIS-TU ?

La plupart des châteaux forts avaient des passages secrets dissimulés dans les pièces les plus importantes.
Les passages secrets étaient conçus pour donner la possibilité aux personnes importantes du château de prendre la fuite en cas d'invasion et d'attaque. Ils débouchaient généralement à quelques dizaines ou centaines de mètres du château.

LE HIÉROGLYPHE INCONNU

Les archéologues étudient une nouvelle tablette égyptienne. Ils semblent avoir besoin d'aide pour découvrir un hiéroglyphe inconnu...

ÉNIGME 1

MATHÉMATIQUES

Peux-tu associer les chiffres avec les symboles pour reconstituer les calculs que tu trouveras-ci-dessous ?

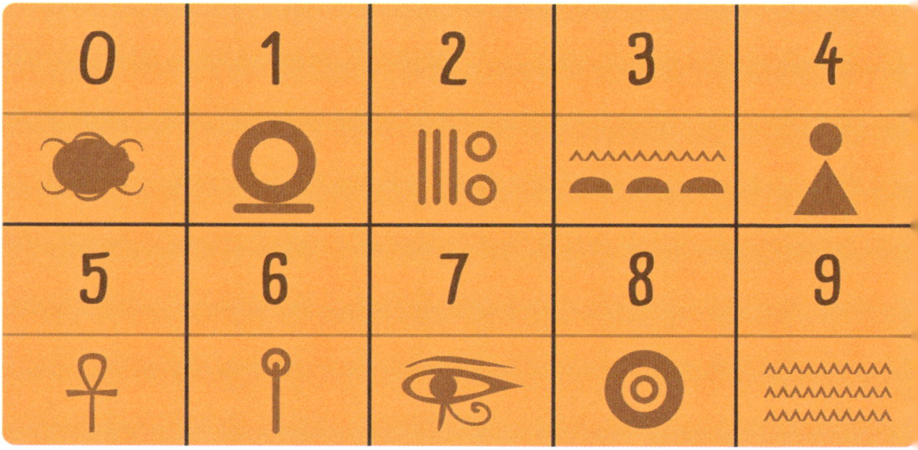

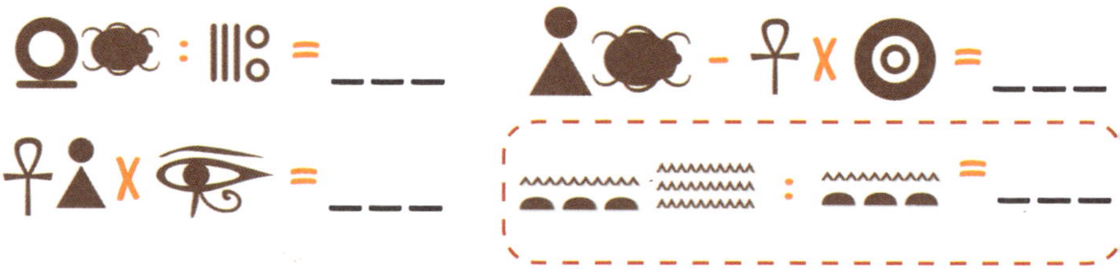

QUEL EST LE RÉSULTAT DANS L'ENCADRÉ ROUGE ?

INDICE N°1 : ....

ÉNIGME 2

FRANÇAIS

Les Égyptiens avaient une écriture basée sur les symboles appelés les hiéroglyphes. Pourras-tu décoder les messages ci-dessous ?

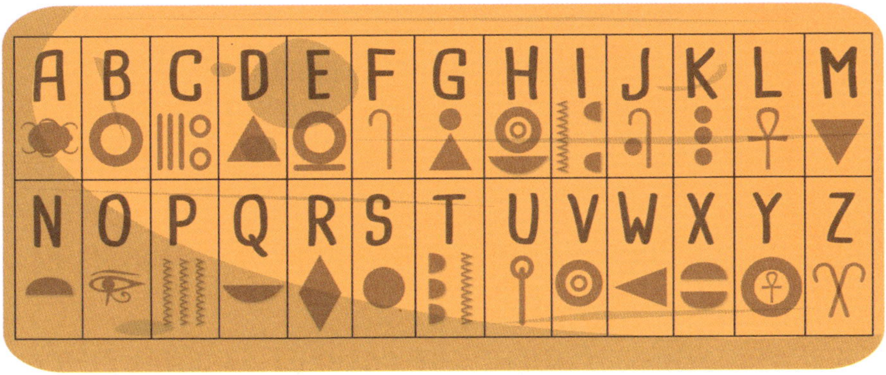

____

____

QUELLE COULEUR TE DONNE LE MESSAGE ?

INDICE N°2 : ....

ÉNIGME 3

MATHÉMATIQUES

Observe ces pyramides et leurs chiffres et trouve le code secret en t'aidant des indications ci-dessous.

6 2 8	AUCUN CHIFFRE CORRECT
7 8 2	UN CHIFFRE CORRECT MAIS MAL PLACÉ
4 5 7	UN CHIFFRE CORRECT ET BIEN PLACÉ
3 6 4	UN CHIFFRE CORRECT ET BIEN PLACÉ
5 8 1	UN CHIFFRE CORRECT MAIS MAL PLACÉ

... ...

QUEL CODE AS-TU TROUVÉ ?

INDICE N°3 : ______________________________

MYSTÈRE N°6

Pendant tes recherches, tu as découvert 3 indices qui pourront t'aider dans l'identification des hiéroglyphes. En cherchant bien, tu pourrais réussir à identifier un tout nouveau signe encore inconnu. Les indices n°1 et n°3 t'indiquent une ligne et une colonne. L'indice n°2 t'indique une couleur.

MES INDICES :

1 ....

2 ....

3 ....

LE SAIS-TU ?

Les hiéroglyphes étaient utilisés par les Égyptiens au temps des pharaons, il y a plus de 5 000 ans. On dénombre quelque 5 000 dessins figuratifs ou abstraits. C'était une écriture laborieuse et qui demandait du temps. On la retrouve principalement sur les parois internes des pyramides, les obélisques et tombeaux. Elle pouvait être écrite en sculptant des surfaces dures ou en peignant sur des parchemins de papyrus.

UN TOUR DANS LA NATURE

La nature est fragile, nous devons, en tant qu'êtres humains, faire attention à elle et à notre rapport à l'environnement !

DÉFI 1 - MATHÉMATIQUES

Observe ce dessin et compte les carrés. Combien y en a-t-il ?

COMBIEN DE CARRÉS AS-TU COMPTÉ ?

RÉPONSE : ....

DÉFI 2 - FRANÇAIS

Transforme les phrases de forme passive à la forme active, et les phrases de forme active à la forme passive.

LE LOUP DÉVORA LA GAZELLE.

____

LA SOURIS EST POURSUIVIE PAR LE CHAT AGILE ET RAPIDE.

____

LE HAMSTER MANGE HABITUELLEMENT DES GRAINES.

____

LES FEUILLES DE SALADE SONT APPRÉCIÉES PAR LES LIMACES AUTANT QUE PAR LES LAPINS.

____

LES ARBRES SONT SOUVENT ABATTUS PAR LES HUMAINS.

____

LES OISEAUX SONT RÉVEILLÉS PAR LE SOLEIL.

____

COMBIEN DE COMPLÉMENTS D'AGENT AS-TU TROUVÉ ?

RÉPONSE : _______________

DÉFI 3 - MATHÉMATIQUES

Tu as fait germer des graines et tu as mesuré leur croissance jour après jour. Trace les graphiques de leur évolution dans le tableau.

JOUR	1	2	3	4	5	6	7	8	9	10
PLANTE N°1	0	0	0	10	30	30	50	80	90	100
PLANTE N°2	0	10	10	10	10	20	20	20	40	50
PLANTE N°3	10	10	20	20	20	30	50	70	90	110

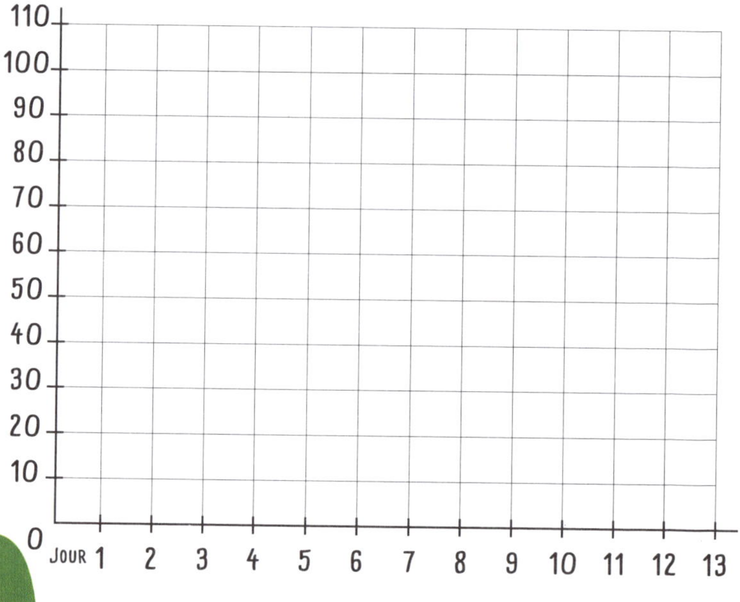

QUELLE PLANTE A LE PLUS POUSSÉ LES 5 PREMIERS JOURS ?

RÉPONSE : ....

DÉFI 4 - FRANÇAIS

Voici des mots croisés. Écris les noms des arbres qui produisent les fruits listés ci-dessous.

1. PÊCHE - 2. POIRE - 3. CHÂTAIGNE - 4. NOISETTE - 5. POMME
6. CERISE - 7. OLIVE - 8. ABRICOT

PEUX-TU IDENTIFIER UN FRUIT À COQUE DANS CETTE LISTE ?

RÉPONSE : ....

DÉFI 5 - FRANÇAIS

Remplis ce Sudoku en t'aidant des lettres et des couleurs. Indice : chaque ligne, colonne et carré comprend les lettres A E E L L N R T U.

	L		E	R				T
R		T		U		E		
	U	N			T	A	L	
		R		N		L	T	L
L	N	E		L		U	A	E
	L				E	R		N
E	T	L	R	A		N		U
N			U	E		T		E
U		E	N	T		L	L	

QUEL MOT AS-TU TROUVÉ DANS LES CASES VERTES ?

RÉPONSE : ....

DÉFI 6 - GÉOGRAPHIE

Observe ces grands fleuves de France sur cette carte et note leur nom à l'aide des numéros.

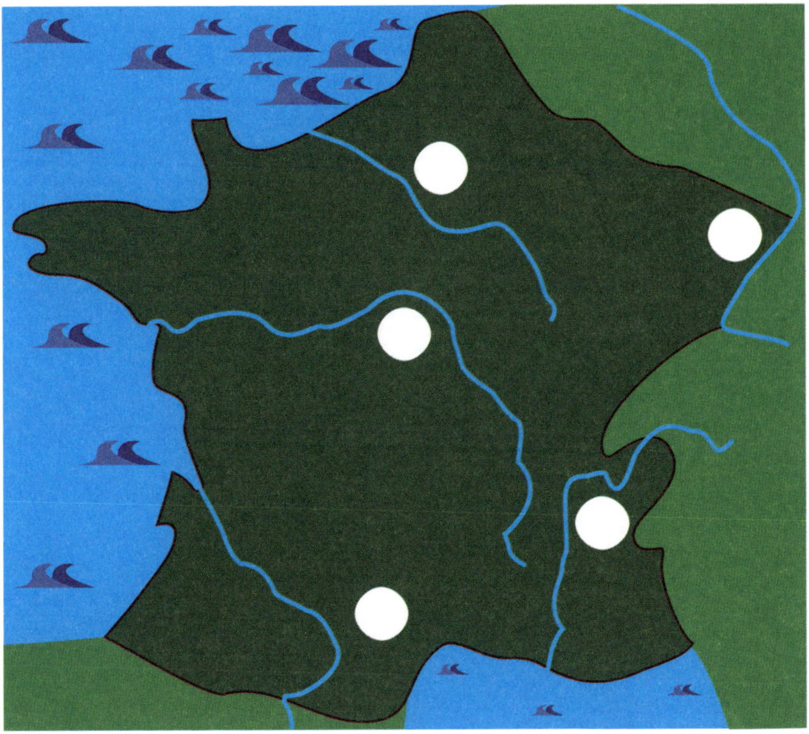

1. LE RHIN - 2. LA LOIRE - 3. LE RHÔNE
4. LA GARONNE - 5. LA SEINE

QUEL FLEUVE TRAVERSE LA CAPITALE FRANÇAISE ?

RÉPONSE : ....

DÉFI 7 - MATHÉMATIQUES

Grâce à ces coordonnées et couleurs, dessine la forme mystère sur le quadrillage ci-dessous. Le trait orange est l'axe de symétrie qui te permettra de dessiner la 2e moitié de la forme.

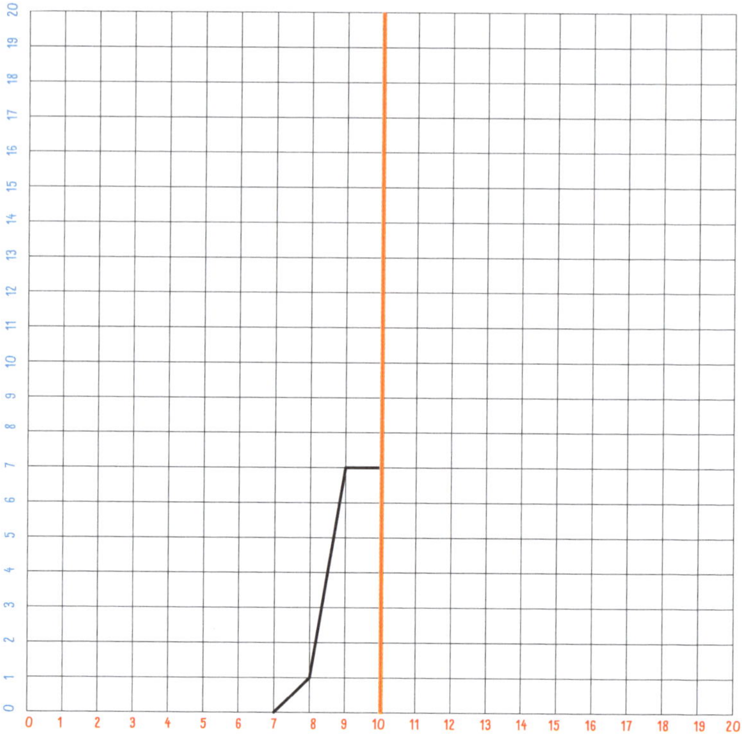

EXEMPLE : (7-0; 8-1), (8-1; 9-7)

À TOI : (10-6; 8-6), (8-6; 6-7), (6-7; 4-9), (4-9; 5-12), (5-12; 2-16), (2-16; 4-18), (4-18; 7-17) ET (7-17; 10-19)

QUEL OBJET S'EST DÉVOILÉ ?

RÉPONSE : ....

DÉFI 8 - ANGLAIS

Peux-tu identifier les mots en anglais correspondant aux émotions de ces différentes situations ?

HAPPINESS, SADNESS, ANGER, FEAR

TU VIENS D'AVOIR UNE BONNE NOTE = __________

TU VIENS DE TE CHAMAILLER AVEC TES AMIS = __________

LES VACANCES SONT TERMINÉES, IL FAUT QUITTER LA COLONIE = __________

C'EST LA RÉCRÉ, VOUS VOUS AMUSEZ BIEN AVEC LES CAMARADES DE CLASSE = __________

IL PLEUT, TU NE PEUX PAS ALLER FAIRE DU ROLLER COMME PRÉVU = __________

UN CAMION ARRIVE À TOUTE VITESSE ALORS QUE TU TRAVERSES LA ROUTE, TU AS JUSTE LE TEMPS DE COURIR SUR LE TROTTOIR ! = __________

AS-TU PLUS SOUVENT EU PEUR OU ÉTÉ TRISTE ?

RÉPONSE : ______________________________

LE VIEIL ARBRE

La forêt est remplie de différentes espèces végétales. Parmi elles, de vieux arbres sont âgés de plusieurs dizaines d'années...

ÉNIGME 1

MATHÉMATIQUES

Observe ces feuilles et détermine la suite logique qu'elles cachent.
Complète les espaces vides avec les bons nombres.

PEUX-TU ADDITIONNER LES FEUILLES JAUNES ET VERTES ENTRE ELLES ?

INDICE N°1 : ....

ÉNIGME 2

FRANÇAIS

Les noms de huit arbres communs se sont cachés dans cette grille de mots. Retrouve-les et barre-les.

U	U	F	D	S	D	N	A	Z	K	A	D
A	C	H	A	T	A	I	G	N	I	E	R
E	A	Z	Z	N	P	N	M	O	Ç	B	W
L	Ç	G	E	Ç	G	O	U	H	E	Q	H
U	X	D	R	T	U	Q	N	N	Z	E	P
O	X	A	A	I	E	D	E	L	T	E	F
B	K	R	B	S	M	H	Z	R	U	A	W
J	Q	V	L	O	C	K	E	P	P	O	S
Ç	H	B	E	O	S	O	L	Q	R	H	Q
T	B	V	W	M	Ç	I	S	A	P	I	N
I	X	T	W	V	E	T	P	H	I	Q	D
S	Y	X	J	R	X	Q	A	G	N	J	F

CHÊNE - CHÂTAIGNIER - ÉRABLE - HÊTRE - PEUPLIER
BOULEAU - SAPIN - SÉQUOIA

QUELLE LETTRE EST AU CROISEMENT DE PLUSIEURS NOMS ?

INDICE N°2 : ....

ÉNIGME 3

MATHÉMATIQUES

Résous les opérations suivantes et associe les lettres aux résultats dans les cases vertes.

V	(3x4) + (5x3) = ____
B	(15:5) + (22x4) = ____
H	(55+45) : (25:5) = ____
E	(77x2) + (60:4) = ____
O	(28-20) x (20:20) = ____

I	(38-48) + (100:10) = ____
T	(20:5) x (100x2) = ____
L	(14:7) - (45:45) = ____
S	(28x4) - (8x9) = ____
C	(110-99) x (305-298) = ____

27	0	8	1	169	800

QUELLE INFORMATION AS-TU DÉCOUVERT DANS LE MOT CI-DESSUS ?

INDICE N°3 : ____________________

MYSTÈRE N°7

Tu viens de récolter 3 indices précieux qui vont te permettre d'identifier le plus vieil arbre de la forêt. Entoure l'arbre que tu as trouvé. Les indices n°1 et n°3 t'indiquent une ligne et une colonne. L'indice n°2 t'indique une lettre.

MES INDICES :

1 .... 2 .... 3 ....

LE SAIS-TU ?

Les arbres, suivant les espèces, ont des espérances de vie bien plus grandes que nous, les humains. Parmi les espèces qui vivent le plus longtemps, on trouve l'olivier, le chêne, le cyprès et l'épicéa. Ces espèces d'abres peuvent atteindre plusieurs milliers d'années et ont développé une aptitude à s'adapter aux changements climatiques des époques qu'ils ont traversées.

UNIVERS PARALLÈLE

Tu t'es perdu dans un univers parallèle et tu cherches à retrouver la Terre. La bonne Terre... celle de ton Univers !

ÉNIGME 1

MATHÉMATIQUES

Notre Univers est en trois dimensions (largeur, hauteur et profondeur), comme ces cubes ! Compte le nombre de cubes présents dans cet ensemble. Attention, compte bien les cubes cachés.

______ CUBES

______ CUBES ORANGE

PEUX-TU DIVISER LE NOMBRE DE CUBES TOTAL PAR LE NOMBRE DE CUBES ORANGE ?

INDICE N°1 : ....

ÉNIGME 2

FRANÇAIS

Voici un quadrillage de lettres dans lequel sont cachés cinq noms de planètes du système solaire. Compose les noms en traçant un parcours comme pour le mot « lune ». Tu peux repasser plusieurs fois par la même lettre.

T	F	M	E
V	E	A	R
R	R	N	C
E	S	U	L

PARMI LES PLANÈTES QUE TU AS DÉCOUVERTES, LAQUELLE EST LA PLUS LOIN DU SOLEIL ?

INDICE N°2 : ....

ÉNIGME 3

MATHÉMATIQUES

Résous cette grille de calculs en t'aidant des opérations ci-dessous.

	1	2	3	4	5	6
A			■			
B		■				■
C					■	
D	■			■		
E					■	
F			■			

A) 75:5 ; 240:10+77
B) 50x16-100
C) 4x2500:10+100
D) 6x8 ; 7x11
E) 120x8+290+2
F) 32x3 ; 124+268+136

1) 333:3 ; 2x2x2x2+3
2) 1200x2-974
3) INDICE
4) 1x10+9x10 ; 5x5
5) (124+45-87)x0
6) (149x6)x2

QUEL NOMBRE AS-TU TROUVÉ DANS LA COLONE « 3 » ?

INDICE N°3 : ....

MYSTÈRE N°8

Quel est ton Univers ? Parmi toutes ces planètes Terre, une seule est la bonne. Avec les 3 indices que tu a récoltés, tu vas pouvoir retrouver ton Univers mais surtout ta planète Terre. Les indices n°2 et n°3 t'indiquent une ligne et une colonne. L'indice n°1 t'indique un chiffre.

MES INDICES :

1 .... 2 .... 3 ....

	RETIPUJ		NOTULP		SUNARU		ENRUTAS	
1418X5	4x2	5x5	2x6	8x3	8x3	5x5	5x5	2x6
	8x3	2x6	5x5	4x2	4x2	2x6	2x6	4x2
1417X5	2x6	5x5	4x2	2x6	8x3	5x5	5x5	8x3
	4x2	5x5	8x3	5x5	2x6	4x2	4x2	2x6
1416X5	8x3	4x2	4x2	8x3	5x5	4x2	8x3	4x2
	5x5	2x6	5x5	2x6	2x6	8x3	5x5	2x6

LE SAIS-TU ?

Notre Univers est probablement la chose la plus mystèrieuse que l'on connaisse. Les physiciens et cosmologistes tentent de le comprendre à l'aide des mathématiques. D'où vient-il ? Comment est-il apparu ? Aujourd'hui, la théorie du big bang décrit un Univers qui se serait formé spontanément à partir d'une gigantesque explosion. Mais les recherches continuent et d'autres théories voient le jour.

L'EXPLORATEUR
TANGRAMS

Tente de reproduire ces différents modèles de chiffres grâce aux formes géométriques ci-dessous. Tu peux recopier et découper les formes sur une feuille de papier légèrement cartonné !

À RECOPIER ET DÉCOUPER :

MODÈLES :

L'EXPLORATEUR
LECTURE INVERSÉE

Trouve une solution pour pouvoir décoder cette histoire ! Voici un indice : aide-toi d'un objet présent dans ta maison.

Cher petit explorateur, bravo, tu es arrivé au bout de ta mission !

Ce n'était pourtant pas facile, car le méchant Zigopuce avait mis un sacré fouilli dans tous ces univers !

Il voulait absolument récupérer toute la connaissance du monde et ne pas la rendre disponible à tous !

Or, sans connaissance, le monde serait perdu ! Grâce à toi, tout est rentré dans l'ordre aujourd'hui, alors merci, et à bientôt pour de nouvelles aventures !

L'EXPLORATEUR

Les messages codés

Voilà quelques alphabets codés, que tu pourras utiliser pour créer tes propres messages secrets !

A	B	C	D	E	F	G	H	I	J	K	L	M
0	1	2	3	4	5	6	7	8	9	10	11	12
N	**O**	**P**	**Q**	**R**	**S**	**T**	**U**	**V**	**W**	**X**	**Y**	**Z**
13	14	15	16	17	18	19	20	21	22	23	24	25

A	B	C	D	E	F	G	H	I	J	K	L	M
Z	A	B	C	D	E	F	G	H	I	J	K	L
N	**O**	**P**	**Q**	**R**	**S**	**T**	**U**	**V**	**W**	**X**	**Y**	**Z**
M	N	O	P	Q	R	S	T	U	V	W	X	Y

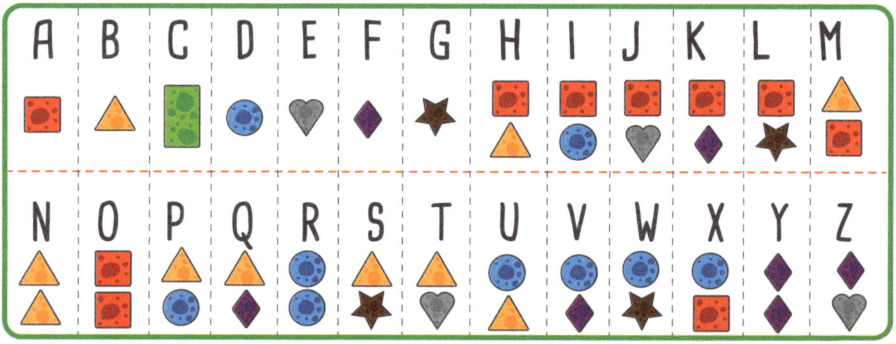

L'EXPLORATEUR

Voilà quelques messages codés, que tu pourras réutiliser avec tes copains pour leur faire des surprises !

0 21 4 13 19 20 17 4

E D K H B H S Z S H N M

L'EXPLORATEUR

LES OBJETS PERDUS

Ce n'est pas fini ! Après une grosse tempête, tous les univers que tu as découverts se sont mélangés ! Pourras-tu retrouver dans ces 2 pages les objets de la liste ci-dessous et les cocher ?

- L'ÎLE AU TRÉSOR
- L'ESCARGOT
- LA BOTTE
- LE BONNET
- LE PALMIER
- LE ROND BLEU
- LE CHAPEAU
- LE SOLEIL
- LES 2 FLEURS
- LE BOULET
- LA PLUME VERTE
- LES 2 FEUILLES JAUNES
- LE FLOCON
- LE BONHOMME DE NEIGE
- LES PIÈCES
- LA PIERRE ROUGE
- LA GLACE

CORRIGÉS

LE POT DE MIEL

p.8

Si tu élimines tous les nombres paires (table de 2) et ceux se terminant par 5 (table de 5), il reste le nombre 13 ! Tu n'as pas besoin des tables de 4 et de 6.

Indice n°1 : 13

p.9

Les abeilles sont considérées en voie de disparition.

L'abeille est considérée en voie de disparition.

L'abeille permet de polliniser les fleurs.

Les abeilles permettent de polliniser les fleurs.

Le pot de miel est rangé et bien fermé.

Les pots de miel sont rangés et bien fermés.

Les apiculteurs sont les personnes qui s'occupent des ruches.

L'apiculteur est la personne qui s'occupe des ruches.

Les lettres récoltées te donnent la couleur violet.

Indice n°2 : VIOLET

p.10

C < E < D < A < B

L'ensemble D se trouve au centre de l'enchaînement que tu as trouvé.

Indice n°3 : D

p.11

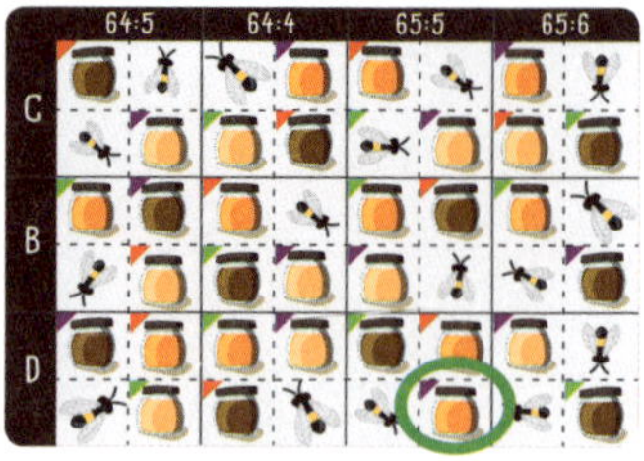

L'EMPREINTE DU T-REX

p.12

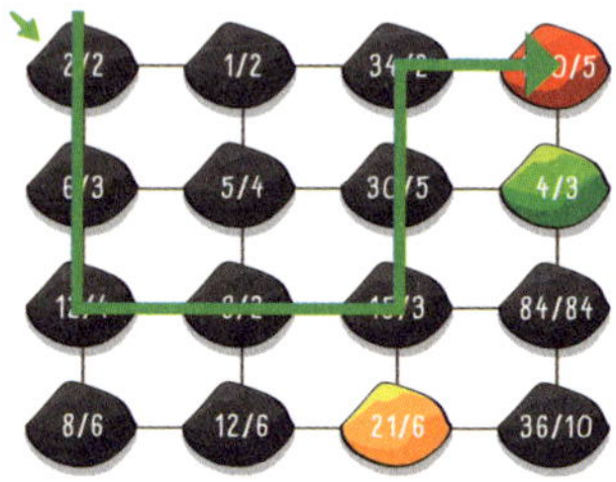

Indice n°1 : ROUGE

p.13

Indice n°2 : Il y a 2 S en tout dans les mots entourés.

p.14

25 % de 60 = 15 (bleu)

1 % de 5 000 = 50 (orange)
10 % de 200 = 20 (vert)
10 % de 150 = 15 (bleu)
20 % de 100 = 20 (vert)
50 % de 40 = 20 (vert)
20 % de 250 = 50 (orange)
5 % de 1 000 = 50 (orange)
Il y 3 dents d’Amérique, 3 dents d’Asie et 2 dents d’Europe.
Indice n°3 : C’est l’Europe qui apparaît le moins souvent.

p.15

LES FORMES EN FORME

p.16

Ces = C - euh = E - aire = R - sait = C - elle = L - « E » = E
La forme mystère est CERCLE !

p.17

L’aire d’un carré orange est égale à côté fois côté, soit 12 x 12 = 144 unités.
L’aire des 4 carrés orange est donc de 144 x 4 = 576.
Un côté du carré rouge est égal à 2 fois 12 (la longueur de 2 carrés orange) plus 3 espaces de 4 unités (entre et autour des carrés) donc un côté du carré rouge = 12 x 2 + 3 x 4 = 36.
L’aire du carré rouge est égale à côté fois côté donc 36 x 36 = 1 296 unités.
L’aire visible du carré rouge est égale à son aire moins l’aire totale des 4 carrés orange. Donc : 1 296 - 576 = 720.

p.18

Il y a 6/12ᵉ de ronds par rapport au triangles, donc la plus petite fraction est 1/2.

p.19

S	O	R	F	E	A	W	Q	T	D	R	K
D	O	Ç	I	L	V	X	J	N	B	E	F
R	U	N	W	G	W	S	O	U	R	C	A
Y	P	X	U	N	E	M	R	A	I	T	T
Ç	E	T	F	A	A	O	U	V	F	A	M
X	N	V	Y	I	G	Q	Q	K	R	N	G
E	T	T	D	R	S	E	G	F	E	G	U
D	A	O	O	T	A	E	W	R	C	L	S
K	G	S	B	G	C	I	R	C	L	E	C
D	O	Ç	T	P	Z	T	O	I	Y	A	C
I	N	O	I	A	R	W	W	K	X	T	V
B	M	A	P	T	R	A	E	H	J	O	T

Diamond signifie LOSANGE en français.

p.20

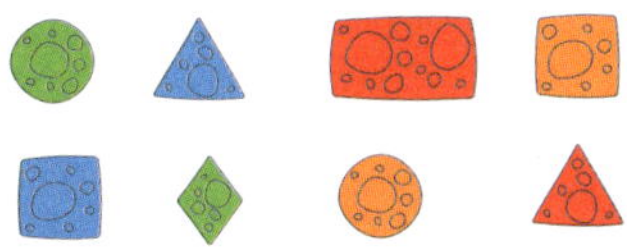

Les formes avec moins de 3 côtés sont forcément les cercles, qui sont verts et orange.

CORRIGÉS

p.21

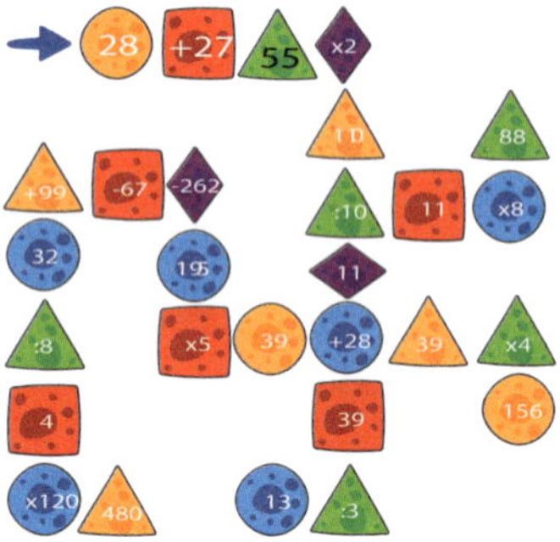

La somme des formes en bout de parcours est égale à 88 + 156 + 13 + 480 = 737.

p.22

On est partis **par** ce chemin **car** tous **les** autres accès **étaient** fermés. Nous sommes ensuite **allés** dans **la** caverne **dont** tu nous avais parlé. **Elle** ressemblait **à** un gros **ver** mais nous sommes entrés **quand** même. Il y avait **différents** passages sinueux **et** les cailloux glissaient. On **est** finalement arrivés au fond **où** il faisait **très** chaud : surprise ! **C'était** le centre de **la** Terre !

Il était une fois.

p.23

Terre = 10 (40 : 10)
Volcan = 5 (20 - 10 = 10 : 2 = 5)
Pierre = 3 (5 - 2)
4e opération = 10 + 5 + 3 = 18
5e opération = 5 - 10 + 3 + 3 = 1
La somme de 3 volcans est égale à 5 x 3 = 15.

p.24

	VULCANOC	LAVOMATIC	MAGMAGIK
QUANTITÉ DE LAVE	1 000 000 L	500 000 L	750 000 L
NOMBRE DE BOMBES VOLCANIQUES	500 000	300 000	1 000 000
HAUTEUR DU VOLCAN	3939 M	1301 M	1313 M
PROFONDEUR DE LA CHAMBRE MAGMATIQUE	12 KM	3 KM	30 KM

1 800 000 de bombes volcaniques sont tombées en tout sur Vulcaland (somme des bombes des 3 volcans réveillés).

p.25

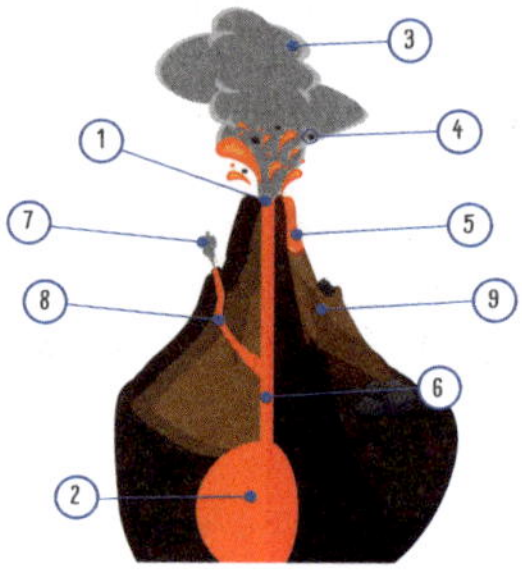

La lave sort de la chambre magmatique.

LES PIERRES PRÉCIEUSES

p.26

Indice n°1 : La couleur qui revient le plus souvent dans les cases orange est la couleur ROUGE.

p.27..

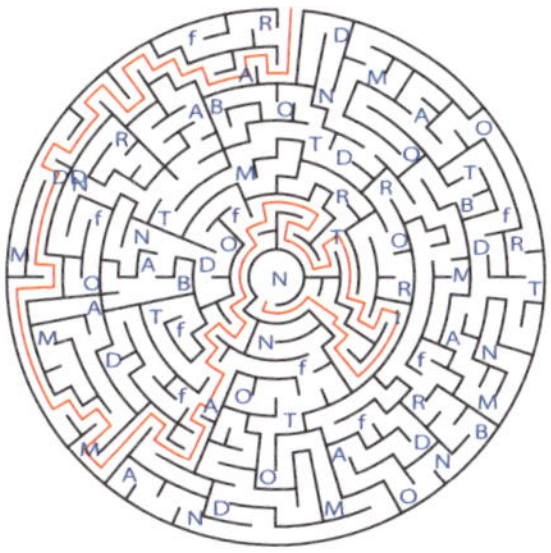

Indice n°2 : Le mot caché est DIAMANT

p.28..

3	+	6	:	2	6
+		-		X	
5	X	1	+	8	13
+		X		:	
9	X	7	-	4	59
17		-1		4	

Indice n°3 : 42 est le résultat que tu obtiens en multipliant les 4 cases orange.

p.29..

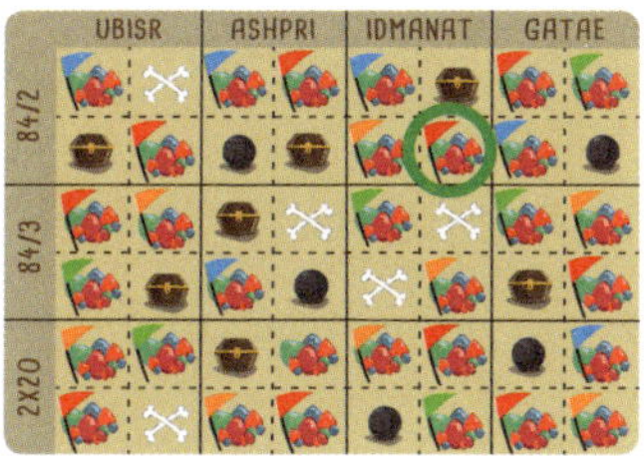

LA HACHE DU CHEF

p.30..
1/5 de 750 = 150 points
15 % de 500 = 75 points
7 + (50 x 3) - 100 = 57 points
45 : 5 + 10 % x 100 = 19 points
Indice n°1 : La somme des scores est égale à (150 x 2) + (75 x 3) + (57 x 1) + (19 x 2) = 620 points.

p.31..

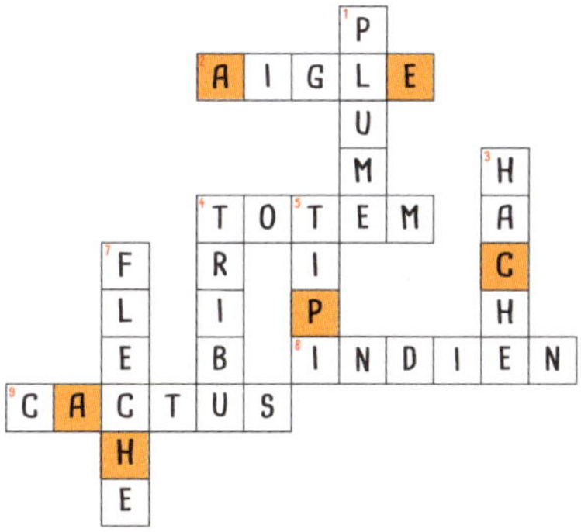

Indice n°2 : La tribu que tu as trouvée est APACHE.

p.32..
La semaine dernière, je **marchais** dans la forêt. À ce moment-là, j'**ai vu** apparaître un signe dans le ciel. C'**était** un aigle royal. Il **avait** un plumage incroyablement beau. Soudainement, il a **commencé** à plonger, en piqué en direction du sol. Je le **regardais** attentivement pour ne pas le perdre de vue quand brusquement un deuxième aigle **a jailli** de derrière les arbres. Ils **étaient** d'une élégance incroyable en volant côte à côte. À ce moment-là, ils **ont commencé** à se battre violemment.

CORRIGÉS

Indice n°3 : Le mot codé est ORANGE.

p.33...

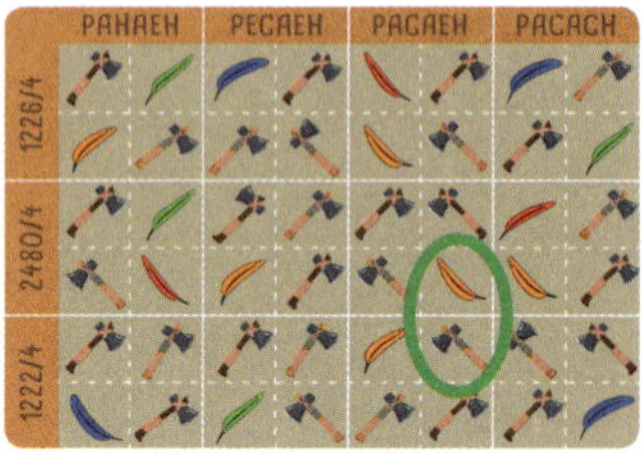

UN GRAIN DE SABLE

p.34...

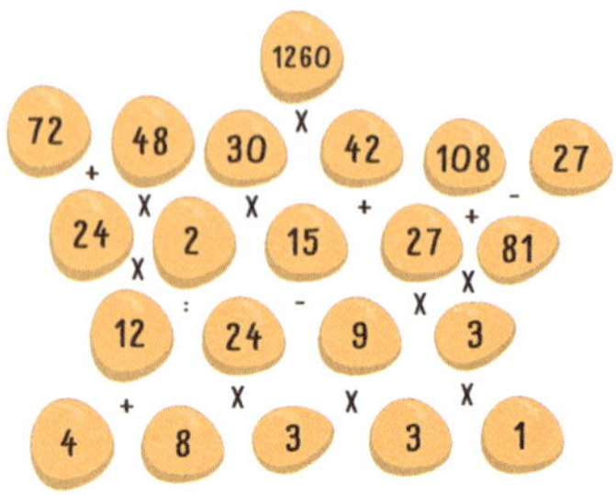

Le nombre tout en haut de l'étoile de mer est 1 260.

p.35...
3 kg = 3 000 g
5,5 kg = 5 500 g
250 g = 0,25 kg
1 750 g = 1,750 kg
250 cl = 2,5 L
¼ L = 25 cl
1 500 cl = 15 L
4,5 L = 450 cl

Le seau de 250 g pèse le même poids que le seau d'eau d'1/4
de litre.

p.36...
Sur la plage, les chiens jouent avec le bâton en bois.
Avec quoi les chiens jouent-ils sur la plage ?
Nous sommes sûrs que la bouée est à plus d'1 km.
De quoi sommes-nous sûrs ?
Il faut du courage et de la persévérance pour réussir à nager !
Que faut-il pour apprendre à nager ?
Tu oublies toujours de manger avant de partir !
Qu'oublies-tu toujours avant de partir ?
Les crabes mangent des algues et des coquillages.
Que mangent les crabes ?
Il pense que le sable pique les yeux.
Que pense-t-il ?
"Sur la plage" est le complément circonstanciel de lieu.

p.37...

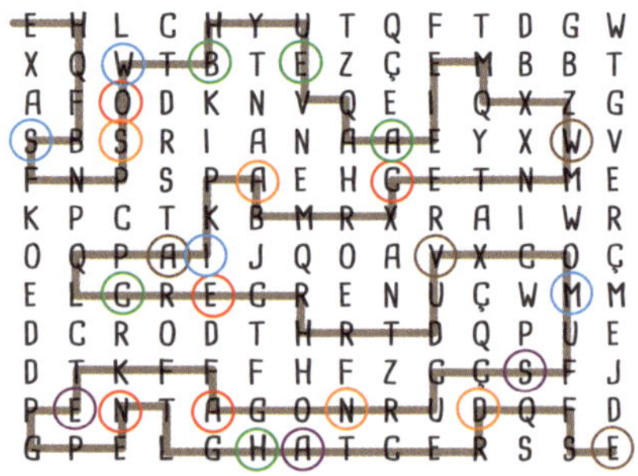

sable = sand ; nager = swim ; plage = beach ; océan = ocean ;
mer = sea ; vague = wave

Ocean est le mot qui s'écrit pareil en français et en anglais.

p.38...

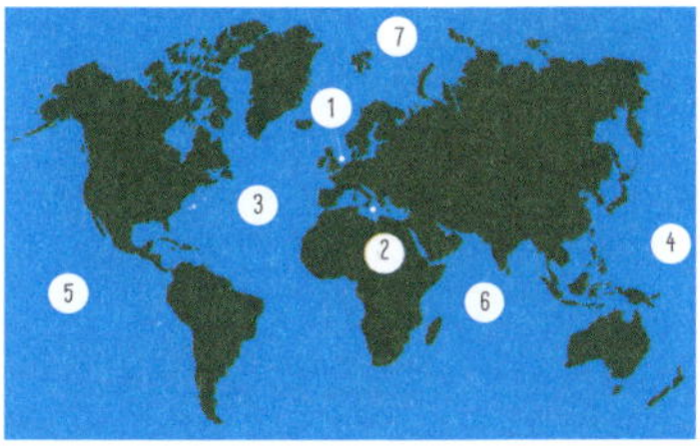

L'eau la plus froide se trouve bien sûr dans l'océan Arctique !

p.39...

Mots de la famille de sable : sable, sablonneux, sableux, ensablé, sablier, sablage.
Mots de la famille de mer : mer, maritime, marin, amerrir, marée.
Mots de la famille de sel : sel, salage, saler, salant, salaison, salière.
L'intrus est bien sûr « enseveli », qui n'appartient à aucune de ces 3 familles !

LE PASSAGE SECRET

p.40...

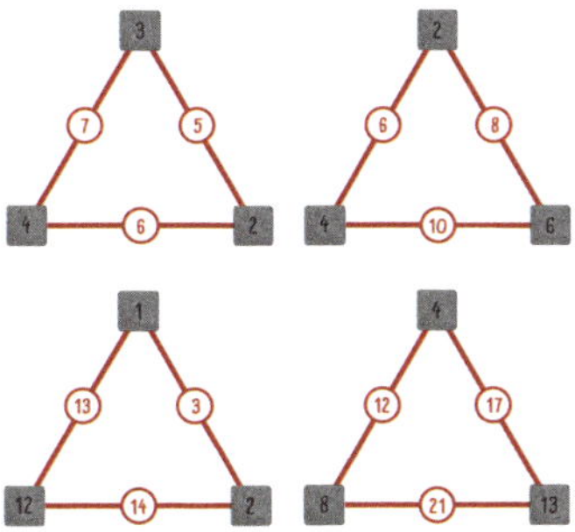

Indice n°1 : La case entourée de bleu dévoile le nombre 13.

p.41...

Imparfait : Le château était attaqué. Les villageois étaient paniqués et commençaient à fuir. Il fallait prendre la fuite par le passage secret.
Futur simple : Le château sera attaqué. Les villageois seront paniqués et commenceront à fuir. Il faudra prendre la fuite par le passage secret.
Passé simple : Le château fut attaqué. Les villageois furent paniqués et commencèrent à fuir. Il fallut prendre la fuite par le passage secret.
Indice n°2 : La terminaison du verbe falloir au futur dans cette phrase est -DRA.

p.42...

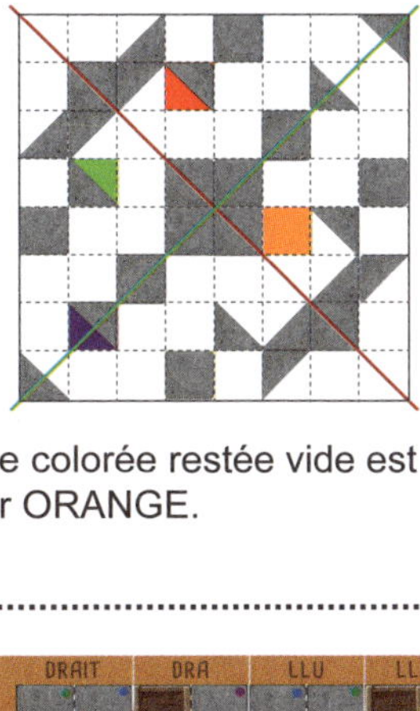

La case colorée restée vide est de couleur ORANGE.

p.43...

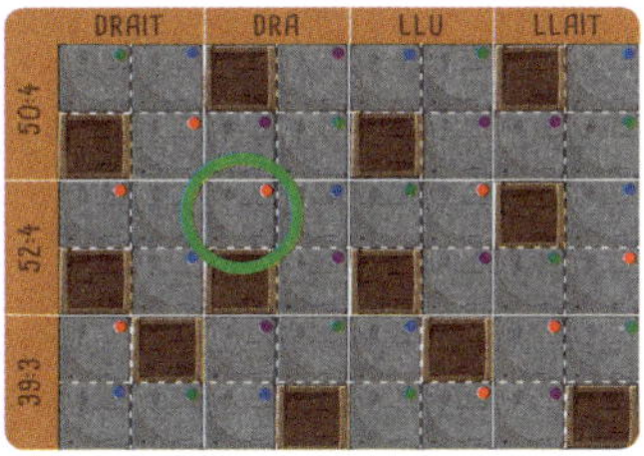

CORRIGÉS

LE HIÉROGLYPHE INCONNU

p.44

10 : 2 = 5
54 x 7 = 378
40 - 5 x 8 = 0
39 : 3 = 13
Indice n°1 : 13

p.45

Le symbole inconnu s'accompagne comme les feuilles de palmier de vert.
Indice n°2 : Le message t'indique la couleur verte.

p.46

Indice n°3 : Le code que tu trouves est 317.

p.47

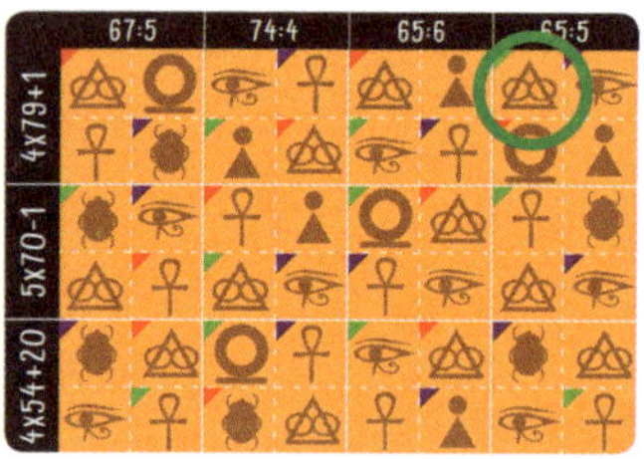

UN TOUR DANS LA NATURE

p.48

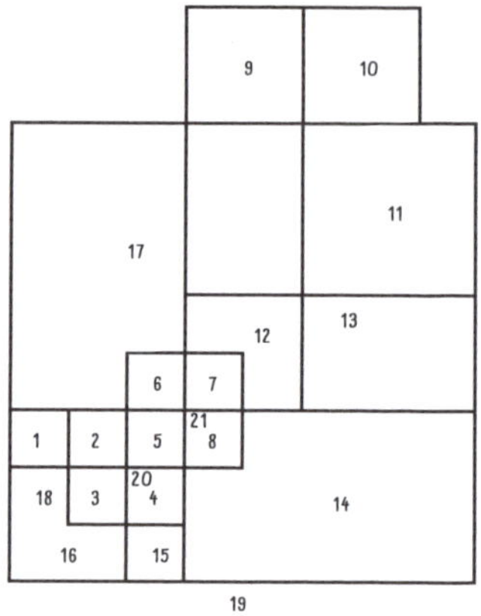

Il y a 21 carrés en tout !

p.49

Le loup dévora la gazelle.
La gazelle a été dévorée par le loup.
La souris est poursuivie par le chat agile et rapide.
Le chat agile et rapide poursuit la souris.
Le hamster mange habituellement des graines.
Les graines sont habituellement mangées par le hamster.
Les feuilles de salade sont appréciées par les limaces autant que par les lapins.
Les limaces, autant que les lapins, apprécient les feuilles de salade.
Les arbres sont souvent abattus par les humains.
Les humains abattent souvent les arbres.

Les oiseaux sont réveillés par le soleil.
Le soleil réveille les oiseaux.

Tu as écris 2 compléments d'agent.

p.50

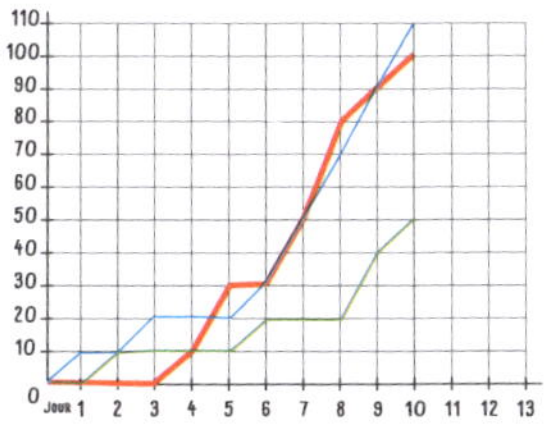

C'est la plante n°1 qui a le plus poussé sur les 5 premiers jours cumulés.

p.51

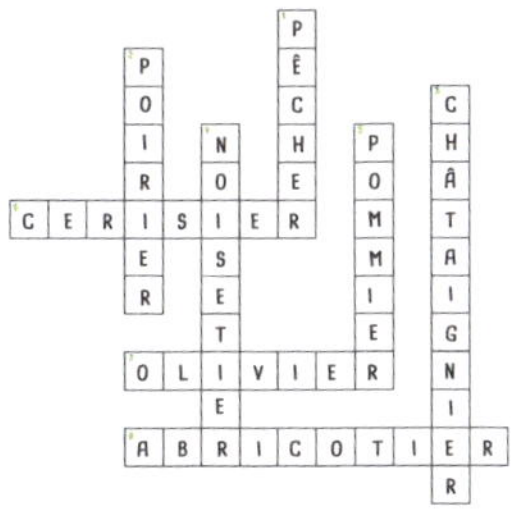

La noisette, par exemple, est un fruit à coque, c'est-à-dire qu'il se développe à l'intérieur d'une coquille.

p.52

L_7	L_3	A_4	E_1	R_6	N_5	E_2	U_8	T_9
R_6	E_2	T_9	L_3	U_8	A_4	E_1	N_5	L_7
E_1	U_8	N_5	L_7	E_2	T_9	A_4	L_3	R_6
A_4	E_1	R_6	E_2	N_5	U_8	L_7	T_9	L_3
L_3	N_5	E_2	T_9	L_7	R_6	U_8	A_4	E_1
T_9	L_7	U_8	A_4	L_3	E_1	R_6	E_2	N_5
E_2	T_9	L_3	R_6	A_4	L_7	N_5	E_1	U_8
N_5	A_4	L_7	U_8	E_1	L_3	T_9	R_6	E_2
U_8	R_6	E_1	N_5	T_9	E_2	L_3	L_7	A_4

NATURELLE est le mot qui apparaît dans les cases jaunes.

p.53

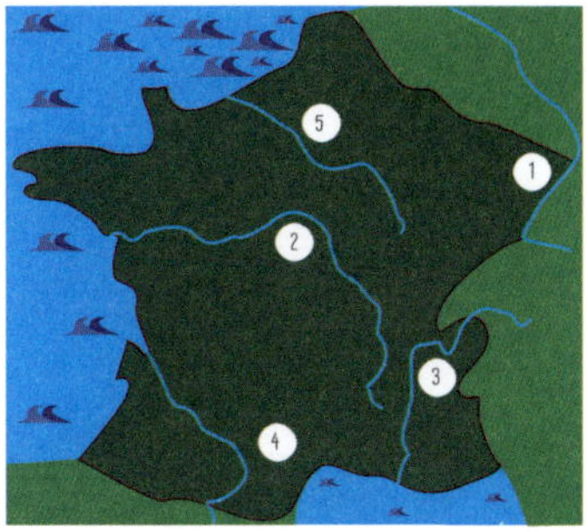

Paris, la capitale de la France, est traversée par la Seine.

p.54

C'est un arbre qui apparaît !

p.55

HAPPINESS : Tu viens d'avoir une bonne note. C'est la récré, vous vous amusez bien avec les camarades de classe.
SADNESS : Tu viens de te chamailler avec tes amis. Les vacances sont terminées, il faut quitter la colonie. Il pleut, tu ne peux pas aller faire du roller comme prévu.
ANGER : Tu viens de te chamailler avec tes amis.

CORRIGÉS

FEAR : Un camion arrive à toute vitesse alors que tu traverses la route, tu as juste le temps de courir sur le trottoir ! Tu as plus souvent été triste.

LE VIEIL ARBRE

p.56

Indice n°1 : La somme des feuilles jaunes et vertes est égale à 426.

p.57

Indice n°2 : La lettre au croisement de plusieurs noms est la lettre I.

p.58

V	(3x4) + (5x3) = 27
B	(15:5) + (22x4) = 91
H	(55+45) : (25:5) = 20
E	(77x2) + (60:4) = 169
O	(28-20) x (20:20) = 8

I	(38-48) + (100:10) = 0
T	(20:5) x (100x2) = 800
L	(14:7) - (45:45) = 1
S	(28x4) - (8x9) = 40
C	(110-99) x (305-298) = 77

Indice n°3 : Le mot t'indique la couleur VIOLET.

p.59

UNIVERS PARALLÈLE

p.60

Il y a 60 cubes et 5 cubes orange.
Indice n°1 : Le nombre de cubes total divisé par le nombre de cubes orange est égal à 12 (60 : 5).

p.61

Vénus, Uranus, Mars, Terre, Mercure.
Indice n°2 : URANUS est la planète de la grille la plus loin du Soleil.

p.62

	1	2	3	4	5	6
A	1	5		1	0	1
B	1		7	0	0	
C	1	1	0	0		1
D		4	8		7	7
E	1	2	5	2		8
F	9	6		5	2	8

Dans la colonne 3, tu as trouvé 7 085.

p.63

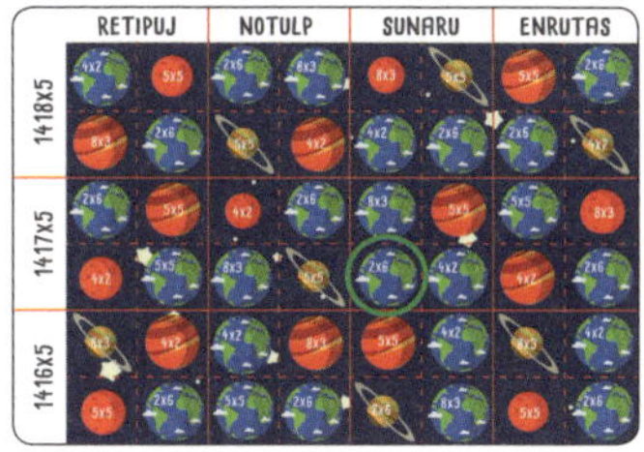

p.64

p.67

Mot caché des formes : BONJOUR
Mot caché des chiffres : AVENTURE
Mot caché de l'alphabet décalé : FÉLICITATION

L'EXPLORATEUR
LES OBJETS PERDUS

Ce n'est pas fini ! Après une grosse tempête, tous les univers que tu as découverts se sont mélangés ! Pourras-tu retrouver sur ces 2 pages les objets de la liste ci-dessous et les cocher ?

- L'ÎLE AU TRÉSOR
- L'ESCARGOT
- LA BOTTE
- LE BONNET
- LE PALMIER
- LE ROND BLEU
- LE CHAPEAU
- LE SOLEIL
- LES 2 FLEURS
- LE BOULET
- LA PLUME VERTE
- LES 2 FEUILLES JAUNES
- LE FLOCON
- LE BONHOMME DE NEIGE
- LES PIÈCES
- LA PIERRE ROUGE
- LA GLACE

Achevé d'imprimer en Espagne par Estella Graficas
Dépôt légal : avril 2017 – 323396/01
N° de projet : 11040576 – mars 2019

PAPIER À BASE DE FIBRES CERTIFIÉES

LAROUSSE s'engage p
l'environnement en réduisa
l'empreinte carbone de ses
Celle de cet exemplaire est
500 g éq. CO_2
Rendez-vous sur
www.larousse-durable.fr